LE

JUSTICIER

DE LA PRESSE

AVEC UNE LOI FONDAMENTALE SUR LA PRESSE

PAR

ALEXANDRE WEILL

PARIS

E. DENTU, LIBRAIRE-ÉDITEUR

PALAIS-ROYAL, 17 ET 19, GALERIE D'ORLÉANS

1864

DIALOGUE

—

— Avez-vous lu, Docteur, la brochure que j'ai eu l'honneur de soumettre à votre jugement?

— Ma foi, non ; je ne lis plus rien. A quoi bon? Le progrès humain marche toujours. Que cela soit ici ou ailleurs, peu m'importe !

— Évidemment, si j'avais cette douce conviction, je ne ferais ni ne lirais aucun livre. Puisque, par la grâce de Dieu, tout marche, tout avance vers le bien, reposons-nous, couchons-nous et faisons des rêves d'or !

— C'est ce que je fais depuis longtemps, et je m'en trouve bien.

— Mais le progrès n'a nullement marché pendant que vous dormiez.

— Qu'en savez-vous ? Sommes-nous moins heureux, moins riches, moins amoureux ? Ne pouvez-vous pas philosopher à votre aise ?

— C'est précisément parce que je philosophe que je travaille. Croyez-vous que les juifs d'aujourd'hui, malgré Rothschild et Pereire, soient aussi grands, aussi heureux que du temps de Moïse, de David ou des Machabées?

Croyez-vous que les Grecs d'aujourd'hui aient fait de grands progrès sur les Grecs de Périclès et de Platon ? Pour rester dans l'actualité, croyez-vous qu'un peuple philosophe et jouissant paisiblement de ses droits, soit plus heureux qu'un peuple léger, bretteur et chasseur, qui a perdu toutes ses libertés ? Et pour rentrer dans votre manière de penser, dites-moi, s'il vous plaît, pourquoi les rentes anglaises sont plus chères, c'est-à-dire plus *heureuses*, que les rentes françaises et italiennes ?

— Où voulez-vous en venir ?

— Je veux vous faire observer que tout dans nos actions tient à notre manière de voir et de penser, à nos principes philosophiques. Il est certain que si le progrès vient de Dieu, quoi que fasse l'homme, il est certain, dis-je, que, dans ce cas, l'homme pourrait se croiser les bras et attendre voir venir. Mais si par hasard le bonheur et le malheur sont dans le pouvoir de l'homme ; si ce que nous appelons le progrès est exclusivement son œuvre ; si les peuples marchent vers la liberté et la prospérité, — et point de prospérité matérielle assurée sans liberté spirituelle, — en pratiquant la justice, en s'approchant de la raison pure, qui, par parenthèse, nous vient de Dieu...

— Eh bien, alors !

— Alors il faudra convenir qu'il est du devoir de tout homme de travailler jour et nuit à l'avénement de ce règne de progrès, et du devoir de tout citoyen français de faire tous ses efforts pour que ce progrès ne quitte pas la patrie française ; car s'il la quittait, ce serait fait de la France. Elle mourrait, lentement peut-être, mais sûrement, comme sont mortes les patries juive, grecque et romaine !

— Qu'importe ! il en naîtra d'autres.

— Hélas ! non, docteur. Le progrès n'est nullement *continu*. J'insiste sur cette vérité, afin de réveiller votre noble esprit de sa léthargie. Si le progrès était permanent, pérennal, l'humanité serait, il y a longtemps, arrivée à son apogée. Avec l'absence de la raison et de la justice, le progrès disparaît totalement. L'humanité compte des siècles de ténèbres et de mort intellectuelle. Le progrès étant exclusivement l'œuvre de l'homme, il s'ensuit que partout où l'homme manque à son devoir, il perd ses droits, et ce n'est vraiment pas Dieu qui les lui rendra! Il faut que les hommes eux-mêmes les arrachent de nouveau des entrailles des devoirs accomplis. Le bonheur est l'œuvre de l'homme libre. Quiconque ne sait pas être libre par sa raison est voué à la servitude et au malheur!

— Allez, vous m'amusez. Expliquez-moi votre système; il y a là peut-être quelque chose.

— Dieu, c'est la *Loi*, la loi logique, immuable. Jamais il ne change sa loi. S'il la changeait une seconde, les mondes s'écrouleraient. Dieu a donné à l'homme la liberté. Avec la liberté, il lui a octroyé le pouvoir d'être heureux. Si l'homme faisait son devoir envers tous les êtres, envers son prochain et soi-même, il serait parfaitement heureux. La terre cultivée serait un Éden. Plus d'animal malfaisant! L'animal malfaisant est un produit du manque de devoir de l'homme envers la terre, la plante et la bête, tous ses égaux; car elles ont été créées en vertu de la même loi et par le même procédé que l'homme. Comme l'homme, elles contiennent en elles une partie de la substance divine. Si elles sont moins libres, c'est que cette substance se trouve en elles en moindre *quantité*, mais elle est de la même *qualité* que l'essence à laquelle l'homme doit sa liberté. Donc l'homme est le maître de son bonheur et l'artisan de son malheur. Seulement, en vertu de la *solidarité* des êtres, le mal fait à l'un retombe sur l'autre.

— Ce n'est pas consolant!

— Mais nouveau! et c'est de toute justice. Du moment que les actions de l'homme ne sont jamais détruites par la

1.

loi de Dieu, il faut pour que l'homme puisse être heureux, qu'il empêche toute injustice faite à qui que ce soit avant même de songer à être juste. Autrement le soi-disant juste ne serait qu'un égoïste; car, avec le meilleur cœur, on peut être un égoïste, comme le bonhomme Jourdain était un prosateur sans s'en douter. On se dit : Faisons le bien et ne faisons de mal à personne ; qu'il y ait en dehors de moi, au-dessus et au-dessous de moi des injustices, des violences, des iniquités, je m'en lave les mains. La loi de Dieu n'a pas permis cette tartufferie de bien. En vertu de cette loi, non-seulement les conséquences du mal sont inexorables, inéluctables, comme on dit aujourd'hui, bien que tardives ; mais encore elles frappent souvent celui qui n'a point fait de mal, soit dans sa personne, soit dans ses parents et dans ses enfants. Qu'en conclure ! c'est qu'il faut avant tout travailler à l'avénement du règne de la raison ; c'est que tous doivent faire leur possible, non-seulement pour ne pas faire le mal, mais surtout pour empêcher *que le mal soit fait quelque part à aucun être.*

— Cela va bien loin !

— Si loin que nul peuple n'a jamais pu s'approcher du bien avant d'avoir poursuivi et extirpé le mal. La première condition de la justice, c'est de chasser l'injustice ; la première essence de la vérité, c'est d'expulser l'erreur. Pour semer, il faut sarcler. La chaleur ne peut se manifester qu'en chassant l'humidité et le froid. *Fiat lux !...* cela veut dire : arrière, dehors les ténèbres !

Ceux qui ont la naïveté de croire qu'il suffit de faire le bien pour être heureux, ressemblent à un cultivateur qui sèmerait d'excellents grains dans un terrain gras rempli d'ivraie. Le bon grain pousserait ; mais à peine poussé, il serait dévoré par la mauvaise herbe. Il ne porterait aucun fruit. Or, puisque le bonheur ou le malheur dépend des actions de l'homme, et puisque les actions de l'homme, bonnes ou mauvaises, sont les conséquences de ses idées.....

— Qu'en savez-vous ?

— Vous venez de dire que vous ne travaillez pas, parce vous *croyez* que le progrès est continu. Le douteur, l'athée ne travaille pas non plus. Ne *croyant* à rien, il ne fait rien, et veut même empêcher que l'on fasse quelque chose. *Non*, voilà la devise de l'athée. Il ne travaille que de la main à la bouche, comme dit le paysan, parce qu'il faut qu'il mange. Avant d'agir, l'homme veut ou ne veut pas, et la volonté est dans l'idée. L'âme sera toujours la force motrice du corps, et les principes seront toujours les seuls moteurs d'une nation. Or, c'est la presse qui représente les idées et les principes d'un peuple ; quand je dis la presse, j'entends les écrivains, les penseurs, les poëtes, les âmes faites hommes !

— Pardon. L'homme ne se méfie jamais de son âme. Quelle qu'en soit la volonté, il l'écoute. D'où vient donc que les nations se méfient de la presse ? Si elle en est l'âme, que ne l'écoutent-elles ?

— Cette méfiance est parfaitement justifiée. Quand un fait témoigne contre son principe, le principe pour cela n'est pas *faux*, mais *faussé*. L'eau la plus claire peut être troublée ; le principe de Dieu même peut servir au mal. Pour qu'une vérité produise le bien, il faut qu'elle soit appliquée dans toute sa pureté. Il y a mille maladies, il n'y a qu'une santé. Un cor au pied, et la santé n'est plus entière. Si Cléante en voulait à la dot de la fille d'Orgon, tous ses discours contre les tartuffes ne seraient que des tartufferies. Or, c'est le cas de la presse. Elle tonne contre le mal, le mensonge, la tyrannie, l'injustice ; mais on s'en méfie, parce qu'elle n'est en général qu'une spéculation de lucre et d'honneurs matériels. Naturellement, n'ayant pas fait son devoir, elle a perdu ses droits. Ce qu'il y a d'étonnant et en même temps de triste, c'est que la presse elle-même, asservie à ses vices longtemps avant qu'elle ne perdît sa liberté par le coup d'État, fut elle-même très-étonnée de l'indifférence du public à son égard. On dirait une fille publique qui, subissant un affront et priant, mais en vain, le passant de venger son honneur, s'en va criant : O le lâche !

— Et quel est votre but aujourd'hui ?

—Je n'ai pas attendu que la presse fût vaincue pour lui dire la vérité. Je lui ai prédit sa chute en 1849. Mais convaincu que sans la liberté de la presse, toute nation va à sa perte matérielle et morale ; convaincu que la presse ne récupérera jamais sa liberté extérieure avant d'avoir reconquis sa liberté intérieure, — la vraie celle-là ; — convaincu que si la presse telle qu'elle est, dans les conditions où elle se meut, était déclarée libre par un décret de l'Empereur, elle compromettrait cette même liberté en très-peu de temps...

— Vous me faites rire. Vous voulez enseigner à M. Panis et consorts leurs devoirs envers la nation ; car c'est M. Panis qui *est* la presse.

— Je fais mon devoir, mon ami ; le reste est à Dieu !

—Mais vous vous ferez un tort immense. Nul journal n'annoncera plus vos livres ; on ne prononcera plus votre nom ; on vous étouffera sous le silence ; vous serez civilement mort. Dire la vérité à la presse ; mais c'est se suicider !

— Ce que je suis ou ce que je serai, la presse ne me l'ôtera ni me le donnera. Je la connais mieux que vous. La plupart des écrivains pensent comme moi. La presse est asservie à l'argent et au fisc. J'aurai peut-être les journaux contre moi, mais nullement les journalistes. Cet asservissement leur pèse. Un de ces matins, la presse secouera ce joug, et dès lors, elle sera libre. Être libre, ce n'est pas autre chose *que d'être indépendant des hommes et dépendant seulement des principes, des lois de la raison.*

— Voilà quelque chose de raisonnable !

— Je suis libre, moi, je le serai toujours. La presse pour moi n'a jamais été un marchepied ! Je ne veux rien être, pas même académicien. Je ne désire rien que la liberté du travail. Comme l'abeille, je me nourris de fleurs, de pensées, dont je compte faire du miel. Je ne fais ni brochures ni livres pour gagner de l'argent. Si je n'avais pas le strict nécessaire, — qui n'est nullement assuré, — je n'aurais pas honte de mendier plutôt mon dîner que de le gagner par une concession faite à l'erreur, à ce que je crois une erreur ! Je ne tiens même plus à l'éloge. Peu m'importe que l'on m'approuve ou que l'on me dédaigne ! La presse parlera de mes conseils ou se taira ; elle me louera ou me blâmera, je ne travaillerai ni plus ni moins, et mes idées sur elle resteront préalablement les mêmes. Croyez-le, une vérité ne se dit jamais en vain. Si j'ai dit la vérité sur la presse, je la défie de l'éluder. Si je me trompe, et je ne suis pas infaillible, eh bien ! ce sera alors moi qui viendrai à résipiscence. Le temps met tout à sa place, les choses aussi bien que les hommes. Faisons donc avant tout ce que nous croyons être de notre devoir, et laissons le reste au temps. Le temps, c'est Dieu qui marche !

— Comme vous voudrez, mon cher ; mais tout cela ne m'engagera pas à lire votre brochure.

— Menteur ! vous l'avez lue !

LE

JUSTICIER

DE LA PRESSE

I

J'ai donné le titre de *justicier* à ma feuille (1), non par présomption, parce que je me crois appelé aux fonctions de juge et que je considère mes semblables comme mes justiciables, mais parce que tout homme qui prend la plume pour parler sur quoi que ce soit s'érige en juge. Juger, c'est comparer. Un juge, quel qu'il soit, possède une mesure, — Loi, Principe ou Critérium, — qu'il applique à la chose ou à l'homme qu'il doit juger. C'est d'après cette mesure qui, pour les choses intellectuelles, s'appelle *criterium*, qu'il prononce sur la longueur, la largeur,

(1) Avant d'écrire mon *Justicier du Siècle*, dont ce chapitre est extrait, j'avais l'intention de publier sous ce titre un journal. J'y ai renoncé pour le moment, faute d'imprimeur.

l'étroitessse et l'épaisseur, sur la valeur intrinsèque et extrinsèque, morale ou physique de l'objet jugé. Il se peut que comparaison ne soit pas raison, mais raison est toujours comparaison.

Quoi qu'énonce l'homme, que ce soit une plate niaiserie ou une sublime vérité, il ne l'a pu articuler sans l'avoir d'abord comparée, sinon à une œuvre ou à un homme, du moins au criterium inné, c'est-à-dire à une mesure intellectuelle que l'énonciateur possède en lui et qu'à son insu il applique continuellement tantôt aux choses et tantôt aux hommes pour voir en quoi ils diffèrent de son modèle (idéal) et en quoi ils lui ressemblent. C'est sur cette différence ou sur cette ressemblance qu'il loue ou qu'il blâme, qu'il approuve ou qu'il désapprouve. Tout homme donc qui dit son avis sur n'importe quoi, compare d'abord et juge après.

L'écrivain politique cite à sa barre des hommes d'état, applique leurs actions à son criterium et les juge. Le critique littéraire fait comparaître devant son tribunal auteurs, acteurs, et chanteurs, leur applique son mètre spirituel en long et en large, et prononce sur la différence qu'il trouve entre eux et son idéal, lui servant de critère.

Le titre de *justicier*, loin donc d'être un titre de présomption individuelle, est le vrai titre de tout journal, de tout livre qui a une opinion. Je l'ai pris, parce

que, naturel, il impose des devoirs naturels à l'écrivain, au juge de bonne foi. Je dirai plus, et mes
théories le prouveront à satiété, qu'un écrivain qui.
n'est pas un juge n'est rien, moins que rien, une
superfétation malfaisante.

Mais il n'est pas dit que parce que je juge je sois
infaillible, ni que mon jugement ne puisse être entaché
d'erreur ou pour le moins d'exagération. Je puis me
tromper; j'en ai le droit, pourvu que mon erreur ne
soit ni intéressée ni préméditée, sauf à la reconnaître
dès que l'on me l'aura signalée.

Voilà trente ans que je travaille dans la presse
allemande et française. Je me suis souvent trompé,
plus d'une fois j'ai moi-même proclamé mes naïves
erreurs. C'est une beatitude céleste, dit Kant, quand
le *meilleur moi* de l'homme proclame ses fautes et
ses erreurs. Mais jamais je n'ai pensé ni écrit une
ligne avec une arrière-pensée d'ambition ou d'intérêt. Instinctivement et avant d'arriver à la certitude
scientifique, j'ai senti que rien, pas même Dieu,
n'existait pour soi, que tout ce qui s'est fait de noble, de grand et de divin s'est fait par le sacrifice
et jamais par l'intérêt. Que celui qui ose me repro-
cher un acte de mauvaise foi, une action intéressée,
une indélicatesse, sorte des rangs, m'accuse et s'il
réussit à me confondre devant deux honnêtes juges
je consens à ne plus jamais écrire une ligne.

Tout honnête homme a le droit d'avoir et de dire son avis sur toute chose. Dire et publier son avis, c'est, comme nous l'avons vu, s'ériger en juge, mais à une seule condition : c'est que son jugement ne soit jamais inspiré par l'intérêt personnel, c'est que jamais le juge ne puisse manger l'huître et jeter les écailles à la face d'un public ébaubi et dupé !

Le philosophe qui condamne des erreurs religieuses par principe et conviction est un juge sacré, même s'il se trompe. Dès qu'il est prouvé qu'il ne désire renverser les idoles que pour se faire adorer lui-même, ou bien pour devenir le grand-prêtre du nouveau culte, son jugement entaché du vice d'égoïsme, non-seulement n'aura pas la moindre influence, mais encore étant un acte d'outrecuidance intéressée, il mérite sinon le châtiment du moins le mépris.

Qu'est-ce qu'un homme dépensant 20,000 francs pour acheter de la science s'il n'a d'autre but que de la vendre 200,000 ? Un fabricant de science. Ainsi le marchand en gros achète un article 6 francs qu'il vend en détail 12 francs ; il se peut que ce marchand soit un homme respectable, mais je ne lui permets nullement de débiner ma vieille marchandise et de la dénoncer comme démodée ou pleine de tares. De même l'écrivain qui publie un livre, un journal, une pièce dans un but de succès d'argent ne saurait jamais exercer une influence morale ni sur son siècle, ni sur l'avenir. La sagesse s'impose mais ne se vend pas. Un écrivain qui n'est pas décidé à vivre pauvrement, ou à gagner sa vie par tout autre travail que sa pensée, n'a rien de sérieux à dire. Encore ce qu'il dit, si brillante qu'en soit la forme, est empoisonné par la racine. Les fruits en seront amers.

Pourquoi, dira-t-on, l'écrivain ne s'enrichira-t-il pas par son travail, comme le fabricant, le négociant, le spéculateur? Pourquoi? parce qu'il doit donner des leçons sans jamais en recevoir, parce qu'à moins d'être un juge suprême des idées fausses et des erreurs pratiques il n'est rien. Libre à lui de rester sur le niveau du marchand, de s'enrichir par ses productions — quel mot! — mais alors qu'il se borne à rester marchand de vers et de phrases, et qu'il se garde bien de juger ou de critiquer quoi que ce soit. Qu'il reste porte-queue décoré et galonné de la société, mais qu'il renonce à tout jamais à l'honneur d'en être le porte-flambeau; qu'il renonce surtout à la gloire, la consécration d'un sacrifice au nom de la vérité. La vraie gloire n'est jamais là où est le profit. L'argent comme but est maudit. Voyez plutôt à qui Dieu le donne, aux plus indignes. Les roses ne viennent que sur des épines, jamais sur des choux. Bientôt après avoir pris l'habit de laquais on en prend l'âme et l'esprit : Apollon peut garder les moutons, mais il n'eût jamais été, il ne sera jamais caissier de la société des gens de lettres!

II

Autres temps autres soucis ! dit-on. Nous ne sommes plus au temps d'Isaïe, de Socrate, de Platon, d'Abeilard, de Descartes, de Corneille, de Spinoza, etc., etc. Grâce à la civilisation, à la diffusion des lumières, de bons livres trouvent un plus grand nombre de lecteurs et d'acheteurs. A quoi bon enrichir des libraires aux dépens des auteurs !

Vraiment ! Il paraît qu'en 1864 les grandes vérités philosophiques d'où jaillissent la poésie, la justice, la liberté et la félicité sociale courent les rues. Pour Dieu ! donc, ouvrez, ouvrez bien vite les portes à deux battants de vos grands salons où il n'y a que des fantoches d'hommes et des fantômes de pensées. A qui fera-t-on croire que les deux volumes de Platon, auxquels il a travaillé durant quarante ans, donneraient des rentes à l'auteur en l'an de grâce d'ennui et de courses mil huit cent soixante-quatre, l'éditeur en vendît-il dix mille exemplaires, et il ne les vendrait pas ! Pourtant, que serait l'humanité sans Platon ? Un corps sans âme !

Et combien Moïse débiterait-il d'exemplaires de son Deutéronome? Combien de temps Montaigne a-t-il travaillé à ses *Essais?* Plus de dix ans! Que de recherches, que de lectures, que de sciences acquises avant seulement d'écrire une page! Montaigne eût-il pu s'enrichir, vivre seulement de son livre? Et que serait donc la France intellectuelle et littéraire sans Montaigne! Il a fallu huit ans à Luther pour traduire la Bible, huit ans de réclusion volontaire; s'il avait songé un instant à tirer parti des vérités qu'il avait à proclamer, le Pape n'aurait jamais eu besoin de lancer ses foudres contre lui! Et Descartes aurait-il la chance d'être nommé professeur de philosophie? Mais Kant et Hegel, nés et vivant dans un pays protestant, ont été forcés de cacher leurs pensées sous une forme tout à fait inintelligible. Grâce à ces concessions l'ivraie ronge dans leurs œuvres le bon grain, et leurs idées enténébrées ont l'air de lutter avec le chaos. Aucune n'a fait éclair, n'a déchiré l'épais tissu d'erreurs qui couvre et enveloppe la société. Et si Spinoza publiait aujourd'hui ses vérités, il ferait encore bien d'apprendre à monter des verres ou à vendre des lorgnettes au risque d'être raillé par le *Charivari* et le *Figaro.* Et si Corneille, le contemporain de Descartes et philosophe comme lui, créait aujourd'hui son *Cinna* et ses *Horaces*, même après le *Cid*, il serait encore aussi pauvre qu'il le fut, plus

2.

pauvre même, car il n'obtiendrait pas une pension du roi. Et si Molière, l'élève de Gassendi, grand philosophe si jamais il en fut, devait vivre de notre temps du *Tartuffe* et du *Misanthrope,* il mourrait littéralement de faim. Et mieux eût valu risquer cette mort après avoir fait ces chefs-d'œuvre que d'avoir écrit les *Fourberies de Scapin, Georges Dandin,* l'*Amphitryon* et autres pochades spirituelles indignes de son divin génie.

Non! non! aujourd'hui comme il y a deux mille ans, comme il y a mille, comme il y a cent ans, pour que l'homme laisse derrière lui une trace lumineuse, il faut que toute sa vie ne soit que lumière et la lumière n'éclaire que les objets qui l'entourent. *Elle n'existe pas pour soi.* Ce sont des œuvres de mode qui enrichissent, des œuvres sans philosophie, et par conséquent sans durée. « Ce qui n'est que bien écrit, dit Voltaire, ne dure pas. La philosophie seule est le sel conservateur d'une œuvre. » Racine lui-même, dont la science métaphysique n'a jamais dépassé le modique niveau du jansénisme, serait aujourd'hui trop philosophe pour avoir un succès d'argent, surtout après avoir fait *Athalie.* Les hommes ne paient bien que ce qui flatte leurs vices, leurs travers et leurs préjugés sociaux. Pour payer une vérité, il faut être saintement passionné pour elle, et ce sera toujours le grand petit nombre! Heureux si parmi ce petit nombre se trouve un roi! L'écrivain au grand succès populaire ne dépasse jamais, mais jamais, le niveau de son siècle et par conséquent ne projette jamais un rayon au delà. L'homme plein de lumières, au contraire, ressemble à un phare. De loin, de très-loin, il guide le navigateur. De près il offusque et éblouit le nautonnier !

Et il en sera toujours ainsi. Dans ce monde tout être a sa mission. Car tout être contient en soi une parcelle de la substance divine simple et autonome. La différence entre les existences composées n'est pas dans la *qualité* de cette substance, mais uniquement dans la *quantité*. De là la *solidarité* de tous les êtres. De là encore la loi que nul n'existe pour soi. La substance divine elle-même n'existe que pour ses êtres. Et tout être a ses droits inhérents, qui violés se vengent solidairement sur tout ce qui est. La terre demande à être cultivée. C'est son instruction à elle. De désert qu'elle est elle veut devenir un Éden. C'est là son droit. Le devoir de l'homme est de travailler pour faire valoir ce droit, dont jaillira le bonheur de tous deux. La plante aussi a ses droits, de même que l'animal, et si l'homme fait ses devoirs envers eux, ils seront tous bienfaisants. Les animaux deviendront utiles et agréables à l'homme, et ceux qui ne le deviendront pas disparaîtront, dès que l'homme cultivera partout la terre qui a ses lois, et dès qu'il rendra justice aux êtres placés au-*dessous* de lui, inférieurs seulement par la quantité mais non par la qualité de la substance.

Le laboureur transforme la terre, le maçon métamorphose des pierres informes en un palais, l'artisan embellit toute étoffe ; tous ces travailleurs, par la transformation du travail, *humanisent* la matière. Le poëte — et point de poëte sans pensée philosophique — le poëte créateur fait plus : il *divinise* l'homme. Mais comme nul n'existe pour soi, il n'a aucun droit à la richesse. Malheur à l'homme qui demande un autre bonheur que celui qu'il donne. C'est comme si l'on se voulait faire payer pour aimer. Pitié pour ceux qui plaignent la pauvreté de ces divinisateurs, de ces créateurs de progrès et de félicité sociale. Ils sont plus riches dans leur pauvreté que tous les rois de la terre. Quant à la vie matérielle, celui qui est né avec la puissance de durée éternelle, trouvera, certes, en se jouant, les moyens de vivre assez longtemps pour exhaler ses idées et donner lui-même la vie intellectuelle à un grand nombre d'êtres. Jamais génie n'est mort avant son temps, et jamais génie n'a vécu et ne vivra pour soi !

Il en est de même du travail intellectuel collectif, du journal (1).

(1) Ce que je viens de dire sur l'écrivain est une tête de chapitre extrait du *Justicier des hommes de lettres,* qui paraîtra plus tard.

III

Et comment peut-il en être autrement ? Qu'est-ce au fond qu'un journal, qu'une revue ? Un justicier collectif, un juge en permanence, un tribunal social devant lequel le rédacteur ou le gérant appelle tour à tour le philosophe, le poëte, l'artiste, l'homme d'État, le comédien, l'industriel qui expose sa marchandise,

L'auteur dans son livre tend à prouver, pièces à l'appui, que tous les écrivains français célèbres du dix-neuvième siècle, Lamennais seul excepté, depuis Châteaubriand jusqu'au dernier des réalistes de 1863, sont des esprits réactionnaires, antiphilosophiques d'une forme parfois brillante, mais toujours d'un savoir superficiel, n'ayant jamais produit un livre comme l'arbre produit un fruit. Depuis Voltaire et Rousseau tous, à l'envi, se sont précipités dans l'arène *de la gloire matérielle*, traînant après elle fortune et dignités, si-non en flattant, du moins en ménageant les erreurs, les préjugés, les fausses croyances et jusqu'aux priviléges des spectateurs. Tous ont contribué à enténébrer les esprits ; pas un d'eux, pas un, n'a cherché la vérité *en soi*, pour s'en faire le champion ou le héraut. Les uns, endormeurs melliflus, les autres, troubadours de bohème, aux pourpoints pleins de taches de vin et de débauche ; d'autres encore des jongleurs de mots en vers et en prose. Les plus forts, tels que Hugo et Lamartine, de puissants joûteurs, prenant d'assaut les na-vires dans le port, et y faisant des tours de force d'Achille et d'Hec-tor *d'emprunt*, pour attirer la foule et savourer de longs applaudis-sements, pendant que l'ennemi, après avoir applaudi lui-même,

le *coursicoteur* qui joue à cheval, le financier qui fonde une compagnie, tout ce qui porte un nom, tout ce qui produit une pensée, tout ce qui travaille ou qui exploite le travail d'autrui. Il n'est pas d'acte de la vie privée, pour peu qu'il sorte du commun, qui reste en dehors de sa juridiction. Le journal ne dira pas précisément que le dîner de tel restaurant est mauvais, que telle comtesse qui reçoit est sotte ou laide, mais en vantant le dîner du concurrent d'en face, il critique indirectement le voisin. Il ne s'agit pas de savoir quels sont les sujets que le journal ne peut pas aborder, il suffit d'indiquer ceux qui sont de sa compétence et de son ressort. Il en est le juge,

profitant de ce long jeu et de cette courte raison, pénétrait dans la ville et faisait main basse sur les biens les plus précieux des citoyens. Vous avez chanté, dansez maintenant. Nul d'eux en s'emparant du gouvernail, ne savait d'où il venait, où il allait, où il tendait ; nul d'eux n'avait une boussole philosophique qui seule guide l'homme vers la justice et la liberté. Coquettes poétiques ils avaient toujours coqueté avec les erreurs les plus pernicieuses, servant toujours deux maîtres, la révolution et le catholicisme, cherchant à concilier le feu avec l'eau, la liberté avec tout ce qu'il y a de plus contraire à la raison. — Témoins Jocelyn et Myriel. — Pas un des poëtes et écrivains français n'a compris que la révolution de 89 était avant tout une révolution philosophique, *religieuse*, que les écroulements politiques n'en étaient que les *effets,* et nullement la *cause,* pas même le *but ;* qu'avec le rétablissement des erreurs dogmatiques, la France politique et sociale serait forcément ramenée dans les voies effondrées des anciens précipices. Tous dépourvus de lest philosophique, comme une boussole affollée, ont continuellement vacillé entre l'extrême de l'athéisme et l'extrême du dogmatisme, c'est-à-dire sur la ligne du matérialisme. Tous cé-

puisqu'il ne peut ni parler ni écrire sans énoncer un blâme ou une louange, c'est-à-dire sans prononcer un jugement. C'est là en effet son but. Il n'en a point d'autre. A moins qu'il ne se borne à reproduire les nouvelles à la main, les faits divers du jour, sans y ajouter une observation ; à moins qu'il ne soit une feuille d'annonces payées. Ce serait alors une gazette et non un journal ; en ce cas point de rédacteur ni de gérant. De plus, cela ne devrait jamais être la propriété d'un homme. Annonces et faits appartiennent à la voie publique, à la municipalité, à la commune. Originairement cette sorte de feuille a été en effet un privilége que le roi donnait arbitrairement à un

lébrant le succès à commencer par le leur, comme les anciens rois du droit divin, se sont crus des êtres privilégiés de la création, et se sont permis des écarts de mœurs, de raison et d'ordre, ignorant que le talent, non-seulement n'existe jamais pour soi, qu'en tout il faut qu'il serve de modèle, précisément parce qu'il est vu de loin, mais encore qu'il n'a d'autre mission que de penser et de vivre pour des générations futures, étant lui-même un être concret des générations passées. *La société française doit exclusivement son affaissement et sa dégénérescence à ses poëtes, à ses orateurs et à ses journalistes. La société est toujours l'image reflétée des principes qu'elle reçoit d'en haut*, et rien n'est haut que le talent. C'est d'après les idées saines ou morbifères, vraies ou fausses — et le faux a toujours un éclat plus vif que le vrai — versées par les grands talents dans le sein du peuple, que ce peuple pense, agit, avance ou recule, marche vers la justice ou dévie vers l'iniquité, aspire par le devoir accompli vers la liberté ou se jette tête baissée, au nom du droit absolu, dans l'anarchie et tout de suite après dans un avilissant esclavage. *La littérature française du dix-neuvième siècle est une littérature de réaction, de décadence philosophique, religieuse et sociale.*

favori ; Frédéric a donné un tel privilége à son professeur de flûte. Un autre l'a accordé à son coiffeur. Mais dans ce temps la municipalité de Berlin n'avait aucun droit d'autonomie. Les rois donnaient ce qui leur appartenait et surtout ce qui ne leur appartenait pas.

Autre chose est un journal. C'est une association de talent et d'argent pour propager certains principes; c'est une tribune ou une chaire. Plus que cela, un tribunal. Si c'est autre chose, c'est une infamie ou une niaiserie. Il est naturel qu'un démocrate ait un tribunal démocratique, et un monarchiste un tribunal monarchique. Chacun d'eux juge avec son criterium inné ou emprunté, avec sa mesure intellectuelle à lui. Quand deux, trois hommes s'unissent pour faire connaître et vulgariser leurs principes, ces principes seuls servent de critère à juger. Tout alors passe sous ce laminoir. Rien de plus juste. La liberté de l'un s'arrête toujours là où elle lèse la liberté de l'autre. Que chacun use de son droit de publier sa pensée et de critiquer ce qu'il croit injuste. On ne combat l'erreur que par la vérité. Soit; mais il suffit qu'un principe soit sincère, il suffit qu'une pensée soit désintéressée, énonçât-elle même une erreur, pour qu'elle ait le droit de se faire écouter, en respectant, bien entendu, le droit d'autrui et ne faisant pas au prochain ce qu'elle ne voudrait pas qu'on lui fît. Mais dès qu'un journal se fonde, paraît

et voit le jour *uniquement pour gagner de l'argent,
pour donner des dividendes à ses actionnaires*, dût-il
représenter la vérité absolue, il prononce lui-même
sa condamnation. Son jugement, quel qu'il soit, entaché de corruption, doit porter malheur à l'État, à la
ville, au parti qu'il sert, au peuple qui le tolère. C'est
bien pis si ce même journal se fait bazar et vend lui-
même directement, ou par commission, des marchan-
dises politiques, littéraires et sociales. Appelé à juger
les productions des autres, il ne peut, sous aucun
prétexte, spéculer sur le débit de ces mêmes productions; dès lors il n'a plus le droit de critiquer une œuvre,
ni de prononcer entre la vérité et l'erreur, entre le
beau et le laid, entre le vrai et le faux. N'a-t-il pas
l'air de dire : la marchandise seule que je vous offre
est bonne, celle de mon voisin ne vaut rien. Admettons qu'au commencement ce journal insère des chefs-
d'œuvre de romans, de nouvelles et de poëmes, les
chefs-d'œuvre s'épuisent : un jour donné il faut passer
à des œuvres médiocres; des œuvres médiocres, on
tombe forcément dans le mauvais, du mauvais dans
l'absurde, de l'absurde dans l'odieux, de l'odieux
dans le crapuleux ! Voilà donc un *établissement* qui
par sa nature et, pour pouvoir continuer son métier
de marchand *de lettres*, est forcé de faire l'éloge de sa
drogue et de débiner la drogue du voisin, ou bien, la
rougeur au front, de supprimer toute critique. A force

de débiter des mièvreries et des rogatons littéraires qui ont du succès, le *juge* finit à la fin par perdre tout jugement. S'il ne le perd pas, l'homme d'argent, le pivot du journal, lui fera bien sentir son erreur. En tout cas le journal apprendra à se taire sur tout excepté sur les choses *rapportantes*. Lui, le soi disant gardien du beau et du vrai, courbe la tête sous les fourches caudines du dividende. Le douanier littéraire devient contrebandier, pis encore, camelotier ; le médecin se fait marchand de poisons, le gendarme s'associe au voleur, au recéleur, le prêtre communie avec l'idolâtre, et c'est le peuple qui en paie les frais. Grâce aux priviléges que ces journaux ont acquis, d'abord par le monopole des annonces et des réclames, puis par la nécessité d'autorisation, il n'est plus possible à un honnête juge de faire connaître son jugement. La presse lui est interdite, pour peu qu'il cherche la vérité en soi. Il ne pourra plus dire son avis sincère, ni sur la politique, ni sur la littérature, ni sur les finances, ni sur la bourse, ni sur les théâtres, ni sur la musique, ni sur la peinture, ni sur les mœurs, ni sur les jeux, ni sur les modes, pas même sur un misérable agioteur. — Y eût-il même un rédacteur lui laissant la liberté, la réclame, l'annonce, ce qui est honteux, dirait le contraire dans le même numéro. S'il fait un livre, le livre est passé sous silence, à peine le peut-on annoncer en dépensant le double de ce qu'il a coûté pour le faire paraître. Plus le livre est sincère, élevé, nécessaire, moins il sera connu, attendu qu'il ne peut plus y avoir d'hommes ne transigeant sur aucune question religieuse et sociale, *maîtres* de leur journal. Toujours la question d'argent et d'annonces l'emportera sur la vérité (1).

Tout au plus l'homme convaincu pourra-t-il tous les six mois faire glisser, par pitié ou par amitié, un article honteux sur une question de philosophie et de critique sociale. Le reste — des nouvelles de sac et de corde, six colonnes de misères sur des mièvreries théâtrales, trois colonnes de chronique de cheval par un Sancho du trente et un du derby, un feuilleton-roman quel qu'il soit, le tout suivi d'un panache, d'un torchon de deux pages de réclames et d'annonces.

(1) C'est ainsi que le *Crédit mobilier* s'est rendu le maître absolu de tous les journaux de Paris et même de l'étranger, en assurant à chacun, par l'insertion de ses rapports, à peu près trente ou quarante mille francs d'annonces. M. Péreire a toujours refusé d'avoir un journal à lui, il a mieux aimé les inféoder tous à ses intérêts. Je pourrais à ce sujet citer des faits extraordinaires, incroyables, et qui ont trait même aux intérêts les plus sacrés de la ville, mais je me tiendrai à des généralités. Ce ne sont pas les personnes que j'attaque, mais la base sur laquelle repose la presse depuis trente ans. Le principe étant détestable et suant la corruption, le meilleur des hommes en entrant dans les journaux, y serait corrompu en peu de temps et finirait par corrompre les autres. Un honnête esprit vivant pour la vérité et pour le bien, ne peut pas rester un an dans la presse telle qu'elle existe, sans être éclaboussé et sans garder des taches de péché, sinon de commission du moins d'omission sur sa conscience.

IV

Tout cela, dira-t-on, est exagéré. Et d'ailleurs la liberté n'est-elle pas violée dès qu'on veut la soumettre à un principe fixe. Le premier venu n'est-il pas libre d'engager des écrivains, des journalistes, comme l'on engage des acteurs et des chanteurs, et de leur tenir à peu près ce langage : Je vous paie tant par ligne ou tant par mois, sauf à spéculer sur votre talent et sur vos opinions. A moi les risques d'argent, à moi seul ! Si je ne réussis pas, vous n'êtes nullement compromis, si je réussis, eh bien, alors vous me demanderez de l'augmentation. L'homme, quel qu'il soit, n'est-il pas libre d'user et d'abuser de sa propriété. Le talent, la vérité même dont on est possesseur, n'est-ce pas une propriété intellectuelle? Ne voyons-nous pas une commune, une paroisse engager, à tant par an, un prédicateur de talent, afin qu'il gourmande ses ouailles et qu'il les maintienne dans la bonne voie. Un abonné n'est-il pas une ouaille qui choisit elle-même son pasteur politique, religieux, industriel et financier?

D'abord, il n'est permis à personne de tenir un

bureau d'orateurs religieux, ni de spéculer sur le génie d'un prédicateur. Mais examinons la question *ab ovo*. Elle est capitale. Le salut de la vérité et de la liberté en dépend.

Telle qu'existe la presse *depuis trente ans*, non-seulement la liberté qu'elle avait n'a profité à personne, ni au pouvoir ni au peuple, non-seulement nous lui devons tous nos malheurs politiques et sociaux, non-seulement elle a été un instrument de despotisme, d'ignorance, d'enténèbrement, de matérialisme athée ou dogmatique, — car ces deux extrêmes se sont toujours fraternellement touchés, — mais encore le peu de liberté qu'elle a encore, elle ne la gardera pas? A moins que du suprême mal ne sorte le suprême bien. A moins que ses droits ne jaillissent de nouveau des devoirs accomplis et accomplis par elle.

Voici pourquoi !

Il est une vérité universellement connue et reconnue. A savoir : Que toute liberté cesse là où elle commence à léser la liberté d'autrui. Si la liberté était individuellement absolue, elle serait tout simplement le droit du plus fort. Je serais libre, moi, de me promener suivi de mon lion qui ne me mordrait pas, au risque qu'il croque mon prochain. Je cite cet exemple de la voie publique parce qu'il est frappant. Il me serait permis parce que j'ai trop chaud de me montrer tout nu dans la rue.

Or, violer la liberté d'autrui est un mal, et le premier devoir de la société est d'empêcher ce mal, ce despotisme de la force, qu'elle soit brutale ou intellectuelle, pour que chacun puisse jouir de sa liberté.

C'est une grande erreur, une erreur capitale, j'allais dire cardinale, de croire *que l'amour du bien soit autre chose que la haine du mal. Le bien n'est jamais et nulle part possible, avant que le mal soit chassé devant lui, comme le feu chasse le froid, comme les ténèbres fuient devant la lumière.* Toutes les lois sociales sont négatives. « Tu ne tueras pas, tu ne voleras pas, tu ne tromperas pas ton prochain. » J'ai beau faire le bien, dès que mon voisin peut faire impunément le mal, les conséquences de ce mal détruisent les effets du bien et me détruisent moi-même en très-peu de temps. Avant de tirer du fruit d'un terrain gras, il faut en extirper les mauvaises herbes, chasser les reptiles et les insectes, et faire écouler les eaux stagnantes. *Partout le bien est le fruit du mal vaincu.*

C'est là une loi divine de la solidarité. La solidarité a toujours existé, bien qu'elle ne fût pas toujours reconnue. Non-seulement le méchant cueille les fruits plantés et cultivés par le bon, mais encore les conséquences inévitables des méchancetés de l'homme injuste retombent sur le juste et ses enfants.

—Horreur! blasphème, criera-t-on! — Non! Justice!

Solidarité. C'est à vous, humains, qui par vos actions et vos œuvres tenez votre bonheur et votre malheur dans vos mains, à vous d'empêcher qu'il y ait des méchants, des hommes injustes, abusant du droit du plus fort. Vous le pouvez, vous le devez. Nul n'a le droit de se croire juste, avant qu'il n'ait tout employé pour que pas une injustice ne soit commise envers qui que se soit. Autrement être juste, ce serait être plus égoïste. Il suffirait de se claquemurer dans un couvent, étudier ou y planter ses choux, ne pas faire du mal et laisser fondre sur le monde toutes les calamités, tous les désastres provoqués par quelques hommes violents, injustes et astucieux, n'admettant que la force de la victoire, et le droit de quelques auxiliaires avec lesquels ils partagent le butin fait sur la faiblesse vaincue.

Rien de plus facile à résoudre que ces soi-disant problèmes insolubles de la métaphysique, pourvu qu'on y applique une raison sincère dégagée de tout préjugé d'école et de tradition.

V

Appliquons ces principes à la presse.

Si le journal n'est qu'une gazette, qu'un facteur de nouvelles, qu'une planche d'annonces, il rentre dans la catégorie du commerce. — J'ai déjà dit que c'est une question de voie publique et de municipalité. — Admettons que chacun soit libre de chercher des chalands, à une condition pourtant : c'est qu'il ne se mettra pas sur le seuil de sa boutique pour décrier la marchandise de son concurrent. Autrement, des paroles on en viendrait aux voies de faits, puis à la guerre civile, et tout finirait par le droit du plus fort. Chaque parti aurait recours aux gendarmes, et c'est à qui les aurait seul pour continuer son négoce, après avoir supprimé tout concurrent!

Mais ne parlons pas de ces sortes de feuilles et de folliculaires. Il s'agit du journal, de la revue, en d'autres termes d'un tribunal collectif qui juge les hommes et les choses, et qui les juge de bonne foi. Quel est le but de ce journal, quel que soit son point de départ, de repère et d'arrêt. C'est d'enseigner le bien contre le mal, de chasser l'ingnorance par la science, de confondre l'erreur intéressée par la vérité désintéressée, de propager le plus de lumières possible, afin de dissiper les ténèbres. Que le principe prêché par chaque journal soit vrai ou faux, peu importe ! Il suffit que l'on croie sincèrement vrai ce que l'on défend, et sincèrement faux ce que l'on attaque. Or, je défie le dialecticien le plus retors de me citer une seule vérité admise ou niée, qui, réduite à sa substance essentielle, ne se traduise par un SACRIFICE quelconque, sacrifice de soi-même pour le bien d'autrui, de l'individu au profit de la société ! Je viens de définir la liberté la plus absolue, s'arrêtant toujours là où elle lèse la liberté d'autrui. Je prêche un principe que je crois vrai, mon voisin le croit entaché d'erreur. Non-seulement il faut que je l'écoute, que je l'examine, mais encore pour lui laisser la liberté de croire ce qu'il croit, il faut que je sacrifie une partie de la mienne. Il en est de même de toute vérité. Tout progrès historique est une part de sacrifice individuel pour le bien général, un combat de la raison philosophique contre l'erreur religieuse. La raison, en se sacrifiant elle-même, demande à son tour le sacrifice de tout privilége, du fort en faveur du faible, au nom de la vérité et de la justice en soi, jamais au nom d'un intérêt quelconque !

Citons quelques exemples. Je me trouve dans un

pays d'anthropophages ou d'esclaves. Il y a toujours plus de mangés que de mangeurs, car on n'est mangé qu'une fois et le même mangeur mange souvent; toujours le nombre d'exploités dépasse le nombre d'exploiteurs. J'arrive et je dis au sauvage : il ne faut plus rôtir ton semblable, et au propriétaire d'esclaves je dis : il ne faut plus exploiter ton prochain. Ce sauvage est le plus fort, de même que le négrier. L'un peut me manger, l'autre m'asservir. Il commencera par se demander : quel intérêt a cet homme que je ne connais pas, auquel je n'ai fait aucun mal jusqu'à ce jour, pour me conseiller ce sacrifice? Pour peu qu'on lui réponde : cet homme, mais il est payé par les mangés, par les esclaves. Ou bien il flatte leurs penchants pour s'enrichir, pour les dominer, pour les exploiter à son tour ; à l'instant le maître tombera sur moi, me rôtira ou m'enchaînera. Son action est détestable, odieuse. Mais la mienne, si elle est intéressée, en est-elle meilleure? Elle n'est pas pire, voilà tout. C'est une guerrre de parti, une injustice qui en combat une autre. *Le tout est de savoir qui des deux sera le plus fort.* Ce n'est pas le jour contre la nuit, la lumière contre l'obscurité, l'ordre contre le chaos, le bien contre le mal, la justice contre l'injustice, la vie contre la mort, ce sont deux intérêts différents qui s'entre-choquent, se livrent une guerre stérile. J'aurai beau crier : mais cet esclave me paie parce qu'il ne peut pas se défendre lui-même ; sa cause est juste. — Dès qu'il vous paie je n'ai pas à rechercher si vous avez raison ou non. Vous, avocat, vous plaidez pour votre intérêt ; moi, je défends le mien. *Une cause juste ne prouve sa légitimité que par la justice en soi, par la beauté du principe, par la vertu du sacrifice.* Et de fait nulle vérité ne s'est établie sur terre sans cette vertu. Affranchir le monde de ses erreurs par le *crédit intellectuel,* faire une bonne affaire en prêchant aux grands et aux forts de se départir de ce qu'ils appellent leur droit et d'abandonner leurs priviléges, c'est le comble de l'absurde. Pourquoi pas? répondra-t-on. La majorité ne sera-t-elle pas pour le prédicateur. La masse la plus forte n'est-elle pas altérée de liberté et de bien-être? — Oui, *de fausse liberté,* qui la plongera forcément dans l'esclavage le plus abrutissant. Prêchez aux hommes *le droit sans le devoir, la liberté absolue,* et chacun poussé par l'intérêt individuel s'abonnera, paiera, lira et criera *bravo*; d'autant plus facilement qu'il sent l'injustice dont il est victime. Mais qu'il jouisse seulement durant huit jours de ce droit *qui n'a pas jailli d'un devoir accompli, d'un sacrifice,* et à l'instant, il en abusera, il violera la liberté du prochain, il deviendra ou tyran ou esclave. En vertu de la loi de la solidarité le droit de l'un est toujours le fruit du devoir accompli de l'autre. Si le plus fort ne fait pas son devoir, comment le plus faible jouira-t-il de son droit? Et comment affirmer un principe de justice *en soi*, sinon par le sacrifice de soi-même, par la vérité dégagée de tout intérêt égoïste ; car toute vérité contaminée, adultérée par une arrière-pensée d'ambition ou de lucre, est stérile et impuissante (1).

Non, rien ici-bas ne dure que par le sacrifice. C'est avec une partie de sa vie que l'homme crée une autre vie. La lumière se consume en éclairant.

« Il n'est de vrai bonheur que celui que l'on donne. »

Certes, la société de Jérusalem, d'Athènes, de Rome, et même celle d'il y a cinquante ans, n'est plus la société actuelle. Elle a d'autres besoins ; mais les lois en vertu desquelles les hommes ont existé il y a trois mille ans, sont absolument les mêmes que celles en vertu desquelles existe la société d'aujourd'hui, et il en sera ainsi de toute éternité. Jamais ces lois ne changeront ni ne progresseront. Tout le progrès de l'humanité consiste à pénétrer mieux l'essence de ces lois et à s'y conformer. Je ne sais pas ce qui aura

---

(1) C'est là en peu de lignes l'histoire des vainqueurs athées et matérialistes de la révolution de Février. En proclamant le droit absolu non jailli du devoir accompli, ils ont ouvert large l'arène du droit du plus fort. Chacun d'eux a essayé un jour d'être le plus fort. C'est en vertu de leur propre principe qu'ils ont trouvé leur maître à tous.

lieu quand les hommes posséderont toute la vérité ; mais à coup sûr quand ils sauront que d'eux seuls et de leurs actions dépend leur bonheur ou leur malheur, leurs travaux convergeront tous vers le même but. Hélas, des milliers d'années passeront avant que les humains reconnaissent cette loi. La marge est large encore pour les travailleurs divins. Mais il est vrai de dire que dans le passé le plus reculé, de grands voyants ont entrevu cette loi et en ont posé les jalons. Et si aujourd'hui les hommes sont moins brutaux, moins méchants et moins malheureux, c'est qu'ils se sont approchés de la vérité solidaire. Nos pères n'ont-ils pas vécu et ne sont ils pas morts pour nous.? Il est vrai qu'ils n'ont pas fait des livres et des journaux uniquement dans le but de s'enrichir, et qu'ils n'ont pas prêché la liberté pour donner des dividendes à leurs actionnaires.

Que les hommes aient reconnu ou non la vérité, qu'ils en aient entrevu ou non une partie, la loi n'a pas changé et le progrès ne s'est jamais manifesté que par le sacrifice. Avec le progrès, avec les sacrifices des uns, les malheurs des autres ont toujours diminué. Venir aujourd'hui proclamer le contraire, dire *en maximant ses pratiques* que l'humanité progressera par l'intérèt égoïste ou collectif, que les principes du beau et du vrai ne sont plus les mêmes

et ne se dégagent plus de la même manière des en-
veloppes de ténèbres et d'erreurs, c'est nier le jour
en plein midi, c'est étaler l'ignorance la plus hon-
teuse de la loi et de l'histoire. Les faits de l'avenir
peuvent être autres que ceux du passé, mais le procédé en est et restera le même. Rien n'a été acquis,
et rien ne sera acquis sans sacrifice. Si aujourd'hui
vous jouissez de certains biens relatifs, vous les devez
aux sacrifices de vos pères. Ceux-là ont compris leur
mission. Maintenant vous croyez que le temps d'é-
goïsme est venu, qu'il suffit de gagner de l'argent
avec des journaux et des revues pour évoquer le progrès et pour couler des jours de repos et de festins.
Soit. Mais vos enfants mendieront sur les grands che-
mins. Mais vous-mêmes vous roulerez, vous croulerez
dans des abîmes de boue et de sang !

Prophétie que tout cela ! Non, non. C'est la loi
banale de tous les jours. C'est l'alphabet de l'histoire,
c'est aussi sûr que deux et deux font quatre ! C'est
la loi de la solidarité qui brille de soi comme le soleil.
Voyez plutôt les Américains. Longtemps ils ont nié
leur solidarité avec les nègres. Oseraient-ils encore la nier en présence de cent mille cadavres, en
présence de la ruine totale de trente millions de blancs!
Et les nobles Polonais n'ont-ils pas depuis des siècles
renié leur solidarité avec les manants et les juifs. Et
les catholiques de Louis XIV, Bossuet en tête, ces

fiers gentilshommes qu'avaient-ils, à les entendre, de commun avec les parpaillots. Quatre-vingt-treize leur a répondu : « *Le sang !* » Il en est de même de la presse. Si elle a perdu ses droits, si elle a eu son quatre-vingt-treize, *c'est qu'elle a manqué à tous ses devoirs durant le temps de sa liberté !* C'est qu'elle n'a jamais eu la conscience de sa mission, c'est que sa racine est empoisonnée, c'est qu'au lieu de semer elle ne veut que récolter, c'est qu'elle est une spéculation, c'est que loin d'exister au nom de la justice et en vertu du sacrifice, elle est une ignoble affaire d'argent.

VI

Et de fait, la stérilité de la presse depuis vingt ans saute aux yeux des hommes les plus indifférents. Elle est stérile, non parce que c'est sa nature, comme l'a dit Girardin, mais parce qu'elle s'est stérilisée comme la courtisane, par ses petites pratiques et ses basses manœuvres. Voilà vingt-cinq ans que la *Revue des Deux Mondes* existe. A l'heure qu'il est elle a quinze mille abonnés. M. Buloz, qui ne vaut ni plus ni moins que tout autre propriétaire et rédacteur en chef, a gagné des millions et exerce son droit de suzeraineté sur des centaines de vassaux et de vavassaux littéraires. Où est l'anatomiste, l'analyste philosophique et littéraire qui, dans un rapport net, succinct et clair, puisse dire aux générations à venir, en quoi, pour quoi et en vertu de quoi cette Revue a existé et existe encore. Son but, inutile de l'indiquer, elle n'en n'avait jamais d'autre que d'enrichir M. Buloz, qui, se fût-il appelé Moïse, Socrate ou Spinoza, n'eût pas eu ce droit. Mais qu'on dise seulement quelle fut son influence pendant vingt ans sur les hommes, les bêtes et les choses. Je n'ai nullement l'intention de rabaisser MM. Buloz et de Mars. Leurs personnes me sont sacrées. Qu'on me trouve une raison d'être pour cette Revue, tirée à un si grand nombre d'exemplaires, lue et dévorée par des milliers d'hommes. Faut-il se rabattre sur l'entretien matériel de quelques littérateurs de deuxième et de troisième, et fussent-ils de premier ordre ! Où en fut, où en est la nécessité ? Si un littérateur est nécessaire *il ne l'est jamais pour soi*, mais pour ses semblables. La littérature n'est pas un concours de joueurs de flûte pour cueillir les faveurs d'Amaryllis, mais la recherche de la vérité pour elle-même, sous n'importe quelle forme ; car de cette vérité seule ont jailli et jailliront toujours toutes les félicités spirituelles et matérielles, la justice aussi bien que la liberté, la santé du corps aussi bien que celle de l'esprit, l'amour de la femme aussi bien que l'amour de Dieu et du genre humain. Avant de prendre la plume tout homme de lettres doit se poser la question que voici : Pourquoi suis-je homme de lettres plutôt que négociant, financier, cuisinier ou chaudronnier ? Pourquoi écris-je ou parlé-je ? Si c'est pour avoir de grands succès de réputation, se payant en droits d'auteur, ou pour mériter les bonnes grâces de certaines dames. — Bien. Libre à chacun de se marquer le but. Mais en ce cas de quel droit cet artiste de plume juge-t-il, critique-t-il, blâme-t-il quoi que ce soit !

4.

En vertu de quel principe? Le bottier de M. de Persigny se permettra-t-il de dire : Excellence, j'ai là une une très-belle forme de botte. C'est mon idéal à moi. Seulement votre pied étant mal fait vous me permettrez d'en couper un morceau afin de l'adapter à la forme *que je vous vends* et qu'il faut que je vous vende. Que vous importe le talent d'un acteur, la médiocrité d'un auteur? Votre blâme ou votre éloge n'étant qu'un moyen pour vous élever sur votre tremplin, afin que l'on vous voie et que l'on vous paie le plus cher possible. M. un tel fait de mauvaises pièces, faites-en de meilleures et foin de votre critique, — on vous les paiera. — La critique même que vous faites n'a souvent d'autre but que de faire accepter vos propres pièces.

Mais laissons-là ces détails, il y aurait trop à dire! Restons dans les principes généraux. Certes le *Siècle* est un excellent journal ; il a près de soixante mille abonnés, il rapporte cent pour cent à ses actionnaires. C'est un modèle de feuille politique, d'après les principes universellement admis par les meilleurs de nos esprits. Il est libéral, modéré, il est pour le progrès. Que le *Siècle* n'aille pas croire que je le prenne à partie par des considérations individuelles. Je n'ai jamais eu à me plaindre de lui. Son rédacteur en chef est un homme plein d'aménités sociales. J'aime et j'estime plusieurs de ses rédacteurs. Ils ont plus de talent que moi, et leurs intentions sont aussi pures que les miennes.

Je cite le *Siècle* parce qu'il est le premier des journaux par la *quantité* de ses abonnés. Eh bien, je me suis souvent posé la question que voici : A quoi depuis vingt-cinq ans a servi le *Siècle*? A qui servira-t-il, s'il reste dans ses conditions de journal à dividendes? Quels sont les principes qu'il a, je ne dis pas mis au monde, mais sauvegardés? N'aurions-nous pas la liberté de conscience, si mutilée qu'elle soit, sans le *Siècle* et ses semblables. Supposé qu'il meure aujourd'hui, perdrions-nous quelque chose? En naîtra-t-il dans l'avenir moins de grands journalistes ou moins de grands écrivains? De toutes les conquêtes que nos pères ont *conquises* et qu'ils n'auraient, certes, pas arrachées aux ennemis du bien, s'ils n'avaient pas eu d'autres lutteurs que nos journalistes, ce journal par son influence en a-t-il pu conserver une seule?

Et si une de ces conquêtes a pu être sauvée dans le naufrage universel de la liberté, quelle est la part d'influence que le *Siècle* est en droit de revendiquer! Peut-il en être autrement quand le premier but d'un journal est de gagner de l'argent, et le second de maintenir une position acquise, ou bien encore de profiter de cette position pour obtenir des honneurs et des dignités, fussent-ils populaires, fussent-il mérités! Je ne parlerai pas des penseurs et écrivains sincères qui de temps à autre font apparition dans la presse politique, et qui logiquement ont toujours été forcés de la quitter ; je parle des journalistes et des hommes d'argent s'associant, se concertant pour publier un journal dans le but de fonder un établissement d'intérêts, lequel établissement étant une affaire ne peut en rien contribuer au progrès humain. Si Rousseau et Voltaire avaient fait des journaux pour distribuer des dividendes, — s'il avaient collaboré à *des Siècles*, à des *Revues des deux mondes*, à des *Presses* faites par les Girardin d'alors, MM. Havin et Bertin seraient encore des manants, nos paysans seraient encore en grande partie serfs, leurs filles seraient encore soumises au droit de jambage, les juifs seraient encore parqués dans le ghetto au grand plaisir de bon nombre de nos journalistes néo-catholiques et néo-tartuffes, on rouerait encore des Calas à Toulouse et des chevaliers de la Barre à Abbeville ; les Dubarry dicteraient des lois aux hommes les plus vertueux, etc., etc. Mais par contre M. Scribe n'aurait pas gagné trois millions de droits d'auteur, M. Legouvé ne serait pas académicien, et M. Thiers ne serait pas un grand historien.

On a attribué la création de la presse mercantile à M. de Girardin. Erreur ! M. de Girardin en tout n'a été que l'incarnation vivante des vices de son époque. Il a poussé toutes les erreurs et quelques vérités jusqu'à l'extrême, et l'extrême d'une vérité même est une erreur (1) ! Je ne dirai pas précisément avec la *Gazette d'Augsbourg* que M. de Girardin a été toute sa vie une *courtisane* politique criant : *Vive la vertu !* Il me suffit de faire observer qu'au milieu de la cohue sociale, espèce de bal masqué où tout le monde s'affublait de principes d'emprunt, où il n'y avait de sincère que l'égoïsme et le culte du *moi*, M. de Girardin s'est servi tour à tour de tous ces masques en les retournant, parfois en les exagérant jusqu'à la caricature. Il a pris tantôt les mots d'ordre des partis, tantôt les devises des philosophes et les siboleth des poëtes et les a arborés en guise d'enseigne de boutique, sans jamais s'arrêter un instant ni sur l'essence, ni sur la couleur, ni sur la valeur intrinsèque et extrinsèque des mots, des principes et des systèmes ! S'agit-il de *liberté*, M. de Girardin, de broc en bouche et sans tourner la main, proclame *la liberté absolue*, c'est-à-dire, l'absurdité la plus absurde. *Toute liberté cesse là où elle lèse la liberté d'autrui.* C'est élémentaire. Avec la liberté absolue, M. de Girardin n'écrirait et ne vivrait pas trois mois.

(1) Dans le temps j'ai recueilli tous les articles que les journaux français et étrangers ont publiés sur M. de Girardin. J'ai cherché, mais en vain, un article élogieux. Mais cette absence d'éloges même parle peut-être en faveur de M. de Girardin !

Dès que le droit ne jaillit plus d'un devoir accompli, dès que le *Père Duchêne* croit avoir des droits absolus sans qu'il soit obligé de remplir préalablement ses devoirs d'homme et de citoyen, de frère et de membre solidaire envers la société en général et envers M. de Girardin en particulier, il dira ce qu'il a dit en 1848, savoir : Que le rédacteur de la *Presse* pense comme un chiffonnier *réac* et écrit comme un savetier *aristo*. Ce n'est rien. Le *Père Duchéne* qui, dans l'espace de deux mois, grâce à la liberté absolue, vendait cent mille exemplaires, et que la *Presse* gênait quelque peu, ne s'en serait pas tenu à des injures. Pour lui, comme pour tous les matérialistes proclamant le droit sans le devoir, la liberté absolue c'est la liberté de faire ce que bon leur semble, sans se soumettre à aucune loi de justice. Dès qu'un homme ou qu'un parti ne croit plus à un principe idéal, à la justice *en soi*, au devoir avant le droit, il se fait dieu lui-même, et n'admet plus qu'une aveugle obéissance, ce que les dévots, tous d'affreux tyrans, appellent la *foi*. Il ne s'agit plus que d'être le plus fort. M. de Girardin, grâce à sa liberté absolue, eût été exilé ou tué ; en aucun cas on ne lui eût permis d'exercer sa liberté d'écrire.

Et de fait, le court exil de M. de Girardin a été la conséquence logique de la liberté absolue, l'anarchie versant toujours dans la fondrière du despotisme.

Quand M. de Girardin aborde des questions d'intérêts, on peut hardiment le suivre ; mais dès qu'il
parle au nom d'un principe, toujours ou emprunté
ou retourné, ou de vrai qu'il était poussé jusqu'au
faux par l'exagération, il faut se méfier de lui.
Car pour lui nul principe n'existe de soi. Celui dont
il se sert n'est jamais qu'une enseigne ou qu'un
leurre. Il n'y croit pas. Un homme de bonne foi peut,
à force de réflexions et d'études, reconnaître ses erreurs et changer de principes. M. de Girardin, — il
me l'a avoué plus d'une fois, — sait d'avance qu'il
changera de mots d'appel et d'ordre autant de fois
que la situation changera de face, que l'intérêt de sa
personne et de son journal exigera ce changement
de front. Sachant cela, comme tous les hommes sans
idéal, mais arrêtés malgré eux par ce gendarme por-
tatif qu'on appelle la conscience, il s'efforce de s'affranchir en maximant ses pratiques politiques, c'est-
à-dire, en idéalisant, en *principifiant* son matérialisme. Dans ce but, jetant par poignées sa poudre
aux yeux du lecteur, il tend à prouver qu'on n'a jamais rien entendu ni au vice ni à la vertu, ni au
despotime ni à la liberté, ni à l'équité ni à la justice,
que tous ces vieux principes ne sont que des
rengaînes, des banalités, des rocamboles bonnes
pour le temps où le cœur était placé à gauche, mais
tout à fait hors d'usage pour nos temps de *progrès*

et de liberté, où le cœur s'est légèrement incliné vers la droite et où la politique et la littérature n'ont plus rien à faire avec la vie privée, la loyauté, l'honneur et la vertu. — Ne lui parlez pas de liberté. Il n'en veut pas, à moins qu'elle ne soit *absolue*. Jamais il n'admettra un instant que l'*illiberté* dont nous jouissons soit précisément l'œuvre, le fruit amer des erreurs empoisonnées de l'extrême de la liberté. Hélas! on ne l'a pas laissé faire. Si M. de Girardin eût été ministre ou président, la France serait le peuple le plus heureux et le plus libre du monde. N'allez pas lui demander à quoi nous ont servi ses ferraillements politiques, à quoi a servi la *Presse*, quelle est la liberté que nous lui devons, l'idée quelle a mise au jour, où est le bienfait que la France lui doit, ou le progrès, si petit fût-il, dont la *Presse* nous a doté? M. de Girardin répondra sans hésiter, « mais on ne m'a jamais écouté, j'ai fait mon possible, j'ai lutté jour et nuit pendant des années pour la liberté de tous. J'ai été vaincu, exilé même. — A cela il n'y a qu'une réponse; mais elle est foudroyante, — celle que Robespierre a faite à un général battu. Ce soldat, grand parleur, avait prouvé, par des arguments plus éloquents les uns que les autres, qu'il avait fait son possible pour vaincre, mais qu'il y avait eu force majeure, impossibilité absolue. —Après l'avoir écouté pendant une demi-heure, Robespierre lui dit : *Êtes-vous mort ? — Non. — Vous n'avez donc pas tout fait pour vaincre.* On peut de même dire à M. de Girardin : « *Qu'est-ce que la liberté vous a coûté ? Elle vous a rapporté quatre millions de fortune*, que vous n'avez certes pas gagnés avec vos articles seuls, dussiez-vous compter la ligne à 1 franc. Mourez donc comme un malheureux millionnaire que vous êtes ; mais ne profanez jamais le mot sacré de liberté dont vous n'avez connu et pratiqué que les abus. Si la *Presse* a perdu ses droits, c'est qu'elle a manqué à tous ses devoirs. Quant a vous, il se peut que vous voyant riche et vieux, vous soyez venu à résipiscence, que la fortune pèse à votre vieillesse inoccupée, que votre *meilleur moi,* comme dit Kant, crie en vous et se précipite au devant du sacrifice. Je ne le crois pas. Mais si cela était, ne comptez pas récolter vous-même les fruits de ce sacrifice. Il n'y a pas d'exemple dans l'histoire qu'un homme qui a fait du mal, — et vous en avez fait beaucoup, — ait pu devenir l'instrument du bien *sans s'immoler soi-même sur l'autel de la vérité.* Pourrez-vous jamais atteindre à cette hauteur ! J'ai bien peur que pour votre malheur et votre châtiment, vous ne mouriez millionnaire comme un Pereire quelconque, et que vous ne goûtiez jamais l'amère félicité d'être le martyr d'une idée, d'une vérité. J'ai peur enfin, que le lendemain de votre mort vous ne soyez mort (1).

(1) Le 11 mars 1848, j'ai le premier entre tous publié dans la *Presse*, un article d'opposition contre la première circulaire de Ledru-Rollin, intitulé : *Une question de Vie ou de Mort*. Cet article, faisant pour ainsi dire explosion, a été lu dans tous les clubs de Paris. Tous les journaux de province l'ont reproduit ; en moins de quarante-huit heures on en vendait trente mille exemplaires. Le surlendemain M. de Girardin me dit : Vous ne signerez plus d'article dans la *Presse*. Votre lettre a eu trop de succès. Mon journal c'est moi, moi tout seul. Publiez une feuille je vous aiderai, mais je n'insérerai plus de vous un article signé.

— Je croyais, répondis-je, que la *Presse*, que vous appelez journal pour tous, était un organe créé pour le bien public.

— Oui, mais par moi seul. On n'arrive que seul.

— Mais je n'ai jamais écrit une ligne pour arriver.

— Libre à vous. Moi, je n'ai besoin de personne.

— Mais vous n'arriverez jamais. Puisque vous êtes franc je puis bien vous imiter. J'ai vu ce matin que, ne me voyant pas fusillé, vous continuez, bien que sur un autre ton, l'opposition que j'ai commencée. Mais au train dont vous y allez je ne vous donne pas quinze jours d'existence. On m'a passé mon article, parce qu'on sait que je suis de bonne foi, que je ne suis l'instrument d'aucun parti, que je n'ai point d'arrière-pensée, que je ne veux rien être ni contre ni pour la république. Je n'ai ni prétention ni ambition, Mais vous, vous êtes soupçonné d'attaquer le gouvernement provisoire, après avoir crié confiance, confiance pendant quatorze jours, parce que M. de Lamartine ne vous a pas confié un ministère, parce qu'on vous laisse en dehors du cercle gouvernemental. Votre opposition n'étant qu'une rancune personnelle, ne sera pas tolérée, ne saurait l'être.

— C'est ce que nous verrons. Je suis à moi seul plus fort qu'eux.

— J'en doute. Tenez, vous venez de dire que l'on n'arrive que seul. Oui, quand on est porté par des milliers d'hommes en guise de cariatides, quand seul on dépasse par ce socle humain tous les autres. Mais seul, au niveau de tous, à côté de tous, quelque forte que soit la voix, on n'arrive jamais !

— C'est votre avis, ce n'est pas le mien, adieu ! Quinze jours après la *Presse* était forcée d'abandonner son opposition.

VII

Certes, la naissance du journal le *Temps* est noble et pure. Elle est dégagée de toute - arrière pensée de

— Quelques mois plus tard je revis M. de Girardin. Je venais de publier une brochure intitulée *Hérédité du pouvoir*.

— Nous ne marchons plus de pair, me dit-il, je vais de la monarchie à la république, vous au contraire, vous allez de la république (j'étais républicain de la veille) à la monarchie.

—Ne confondons pas les choses sous de faux mots, lui répondis-je. Vous allez et vous irez toujours du vaincu au vainqueur, moi je vais et j'irai toujours du vainqueur au vaincu.

Maintenant, pour compléter le portrait de la maison Girardin, qu'il me soit permis de reproduire un autre entretien que j'ai eu avec sa femme et que je copie textuellement de mon journal intitulé *Dix mois de démocratie*.

J'ai toujours considéré Madame de Girardin comme la femme la plus remarquable du règne de Juillet. Elle était la première par l'imagination et le talent d'observation, par sa raison aussi bien que par son style. C'est l'écrivain le plus original de son époque.

Ce jour-là le prince Louis-Napoléon, venant d'être élu président de la république, sortit du salon de Madame de Girardin au moment où j'y entrai. En ouvrant la porte et me trouvant sur le seuil, Madame de Girardin me présenta, *nolens volens*, au Prince. Celui-ci, pris à l'improviste, me serra la main et me fit un compliment précisément sur la lettre du 11 mars en question. A peine fut-il parti qu'il me vint une demi-douzaine de réparties plus spirituelles les unes que les autres. La vérité est que je n'ai pas trouvé un mot de réponse.

— Vous voyez ce jeune homme qui vient de me quitter, me dit

lucre et d'exploitation. Peu importe l'opinion que représente un journal, toutes les opinions doivent être représentées. Jamais la quantité des abonnés ne prévaudra contre une vérité énoncée avec talent et l'ardeur de la conviction. Quand des hommes s'associeront et se diront: chacun de nous fera annuellement un sacrifice pour que nos principes aient un interprète, quels que soient ces principes, l'en-

Madame de Girardin en se mettant à tisonner, c'est un homme de cœur. Il a eu la larme à l'œil en me remerciant de la part que la *Presse* a prise à son élection. Quel effet vous fait-il, vous qui êtes tant soit peu prophète?

— L'effet, Madame, d'un *ultor ex ossibus nostris*. Il va passer à l'état de gouvernement. Or, depuis trois mille ans Dieu se sert des gouvernements pour châtier les peuples prévaricateurs. Ils n'ont pas d'autre mission.

— J'espère toujours qu'il ne supprimera pas la *Presse*.

— Pourquoi pas! Il ne vous doit rien. Ce que vous avez fait pour son élection, vous ne l'avez pas fait pour l'amour de lui et de la France, mais par haine pour le général Cavaignac.

— Sucrez-vous donc, dit Madame de Girardin en me présentant une tasse de thé.

— Je comprends, repris-je. Mais c'est M. de Girardin lui-même qui m'a dit : « Mon journal c'est moi. » S'il a soutenu l'élection du Prince, c'est qu'il a cru cette élection profitable à son *moi*.

— Il l'a fait pour servir la France et la liberté.

— La liberté ! Vous me la baillez belle ! Servir la liberté en France ! Mais, noble dame, vous qui savez tout, qui devinez ce que vous ne savez pas, comment n'avez-vous jamais pensé, dit ou écrit que la liberté, est en même temps la racine et la fleur de toutes les vertus publiques et privées. Vous en avez pourtant eu un pressentiment en écrivant votre *École des journalistes*. Pour rester libre, il faut qu'un peuple soit sobre, laborieux, modéré, raisonnable, chaste et vertueux. La liberté ne pousse ni sur le luxe, ni sur la richesse, ni sur l'esprit, ni sur l'éloquence, ni sur l'amour de la chair émancipée. Le marbre peut servir de socle à la liberté, le fumier jamais!

treprise digne et noble commande le respect et se frayera toute seule le chemin de la liberté et de la considération. *Le Temps* en naissant était un journal de sacrifice ; mais par les lois qui régissent la presse, il est presque de toute impossibilité qu'un journal politique, indépendant, qu'un justicier social, puisse faire ses frais à moins de transiger avec l'annonce

La liberté n'a pas besoin d'engrais. Elle ne vient pas d'en bas, elle vient d'en haut.

La vertu même n'y suffit pas. Il faut croire à un idéal, il faut croire en Dieu, car il faut à la rigueur savoir mourir pour elle. Dans un pays où Proudhon, qui n'a pas un grain de raison, passe pour un homme politique, où Madame Sand passe pour un génie littéraire et M. Thiers pour un Tacite, je pourrais citer encore plus de vingt noms, les uns surfaits de cent pour cent, les autres ignorés et méconnus, dans un pays où les hommes, au lieu de lutter par le devoir, l'honneur et le sacrifice accompli, ne cherchent qu'à remporter la victoire à force de mots, de phrases, de réclames, et finalement de coups de fusil, la liberté est impossible. Si par hasard elle cherchait à y poser un pied, elle serait bien vite renversée pour devenir le jouet tantôt de l'anarchie, tantôt du dispotisme, car le despotisme n'est que de l'anarchie de conserve !

— Je vous arrête. Ce sont là de vieilles vérités.

Il y a du nouveau sous le soleil, quoi qu'en dise Salomon.

— Malheureusement le nouveau a besoin d'être vrai.

Le vrai, au contraire, n'a pas besoin d'être nouveau.

— Je me croyais pourtant libre, surtout sous le règne du tyran.

— Rien, Madame, ne vous est impossible, absolument comme à Louis XIV. Vous êtes parfaitement libre de n'être pas vertueuse !

— Vous avez beau dire, je ne vois nullement le lien intime entre la vertu et la liberté. Je sais bien que Montesquieu, autre Salomon, a dit des choses très-spirituelles sur la vertu et la république. — Mais, quant à lui, il aimait mieux la monarchie....... constitutionnelle.

— Vous m'avez toujours permis, Madame, de vous dire toute ma pensée et à ma manière. Je vais donc par une espèce d'argument

et ses satellites en passant par toute la filière de la corruption, car le gouvernement sur chaque abonnement prend deux tiers du prix et ne laisse qu'un tiers au journal.

Ici il me semble voir le lecteur qui m'arrête en me disant : Puisque c'est le gouvernement qui pousse les journaux dans la sentine de l'annonce, quel

ad hominem, vous prouver que la vertu seule est une force, surtout pour une femme. Chez l'homme cela s'appelle honneur, caractère, abnégation, devoir, sacrifice ; mais c'est la même chose, car je conviens tout d'abord que la vertu est sinon le premier des devoirs du moins un des plus grands sacrifices. Vous n'êtes pas sans avoir lu d'ignobles vers que M. Alexandre Dufaï vient d'insérer contre vous dans l'*Illustration*.

— Je les ai lus.

— Ils vous ont mordue au cœur. Croyez-vous qu'on eût osé imprimer de pareils vers contre Madame Roland, qui n'avait ni votre talent, ni votre esprit, ni votre beauté ! Mais il y a longtemps que vous devriez faire et défaire nos ministres. Avec de la vertu, Madame, au lieu d'écrire des feuilletons, vous dicteriez des lois. Les vicieux vous guillotineraient peut-être, mais en vous adorant ! Ah ! Madame, vous me demandez de définir les rapports qui existent entre la vertu et la liberté ; mais deux femmes de génie comme vous et Mademoiselle Rachel, si vous n'aviez pas dédaigné ce petit rien que Brutus appelait un vain mot—lui pourtant qui avait Portia pour femme — vous seriez à vous seules assez fortes pour fonder la république et la liberté ! Votre salon deviendrait une pépinière, non de jongleurs de mots, mais de véritables hommes d'État, de vrais héros, d'hommes d'honneur et de devoir. La vertu, Madame, n'est rien par elle-même, mais elle est la mère du sacrifice, de la gloire et de la vraie liberté.

— Vous avez raison, m'interrompit Madame de Girardin, la vertu des femmes est la plus belle invention des hommes !

— C'est un joli mot qui restera, Madame. Mais la liberté s'en ira, et ce n'est pas vous, hélas ! qui l'arrêterez !

reproche faites vous aux journaux? Ne sont-ils pas, pour ainsi dire, forcés de se prostituer afin de pouvoir vivre? Ne dirait-on pas que le pouvoir cherche par ses lois fiscales à déconsidérer la presse pour s'en rendre le maître, pour la tuer. Pour noyer un chien ne le rend-on pas ou ne le dit-on pas galeux.?

A cela je réponds : Ce n'est pas l'Empire qui a corrompu la presse, qui en a fait une marchandise. C'est la presse elle-même qui du temps de sa liberté a mis une ceinture dorée tout en réclamant une bonne renommée. L'Empire lui a ôté une bonne partie de ses bénéfices, mais ces bénéfices étaient mal acquis. Nul journal n'y avait droit. Un journal qui spécule sur les annonces, les réclames et sur ses articles d'éloge et de blâme, est un burgrave qui élève un fort au bord de la grand'route pour tirer sur les passants, afin de leur extorquer une rançon. L'annonce est la voie publique. Elle n'appartient qu'à la commune. Le journal ne saurait jamais être une affaire, une spéculation, une exploitation. Vous insérez pour trente mille francs les rapports du *Crédit mobilier*. Malheureux ! votre premier devoir serait d'examiner ces rapports minutieusement, et d'en dire franchement et sans aucun paiement votre avis au public; car vous êtes le justicier, le juge qui prononce entre les actionnaires et la société. Si vous n'êtes pas juge vrai ou faux, pourvu que vous le soyez de bonne foi, vous n'êtes qu'un placard inféodé, et comme placard votre privilége est odieux, plus odieux que les priviléges des fermiers-généraux d'avant 89. Vous avez des hommes du lundi pour rendre compte de toutes les balivernes qui se débitent sur les théâtres de Paris. Etes-vous un établissement *industriel* rendant des services à un autre établissement également *industriel*, car le théâtre n'est plus autre chose, ou êtes-vous une chaire de belles-lettres et de beaux-arts? En ce cas vous ne devez à aucun prix accepter un billet de faveur quelconque d'un directeur de théâtre ; il doit y avoir dans chaque théâtre une tribune publique pour les journaux ; en cas que la pièce qu'il donne vous paraisse contraire aux règles de l'art ou dangereuse pour les mœurs ou seulement contraire aux principes que vous défendez ; *vous ne devez jamais à aucun prix l'annoncer*, à moins de passer pour de vils bateleurs, des tartuffes littéraires, pour des chercheurs d'or et non pour des chercheurs du beau ; ou bien, ce qui est pis encore pour d'horribles matérialistes, indifférents à toute vérité, à toute erreur et n'ayant qu'un but : gagner de l'argent n'importe par quels voies et moyens. (1) Il en est de même des

---

(1) Citons en un exemple entre mille. Presque tous les feuilletonistes du lundi ont condamné une pièce du Vaudeville, où l'odieux le dispute à la niaiserie. Tout l'intérêt de la pièce roule sur un vo.

livres. Sous aucun prétexte il ne vous est permis d'en débiter en feuilletons. Dès que vous en vendez vous-même vous perdez le droit de juger les livres des autres, surtout ceux qui ont du succès. A moins que votre journal et votre feuilleton ne soient toujours signés du même nom.

Il est permis à un romancier de juger de son point

leur et une catin. Mais le jour de la critique même, et depuis ce temps tous les jours, les mêmes journaux annoncent que cette pièce, palpitante d'intérêt et d'intention morale, réunit toute la meilleure société de Paris. Et de fait elle aura cent représentutions. Alors je me demande à quoi sert la critique de ces messieurs? Ou elle est impuissante, ou elle est ridicule, ou ce qui est pis, directeurs, acteurs et public se moquent de la presse et des juges du lundi. Il faut croire que connaissant mieux que vous et moi les détours du journal, ils n'en craignent ni les propos, ni même une déclaration de guerre, car que l'on me donne seulement un torchon de papier paraissant tous les huit jours, et je défie le Vaudeville de donner seulement vingt représentations des *Diables noirs*, et je défie les acteurs de jouer un rôle de cette pièce, je défie un honnête homme d'y assister à moins que ce ne soit pour siffler. Mais pour atteindre ce but, il ne suffit pas d'improviser un article une fois pour toutes et de ne plus y revenir; mon feuilleton pendant un mois, pendant deux mois, ne parlerait que de cette horreur et de cette impertinence littéraire. J'en ferais une question d'honneur, une question de vie et de mort. Et de fait il n'y a pas de petite question. Ou il faut ne jamais parler du théâtre, ou le jugeant, il faut avoir des principes fixes, un critérium arrêté, puis motiver ses jugements et ses condamnations et n'en démordre. Une petite fille qui, du temps de Mesdames Malibran, Sonntag, Persiani, Falcon, Grisi, et même Cruvelli, n'eût été tout au plus qu'une chanteuse de second ordre, grâce aux journaux payés, depuis *le Times* jusqu'à *la Gazette de Cologne*, est devenue une étoile, un astre. Il est vrai, que ce n'est pas le journaliste qui est le maître, mais le gérant, en rapport d'affaires peut-être avec le directeur industriel du théâtre. Que si le théâtre n'est qu'une industrie, à quoi bon alors un compte-rendu toutes les

de vue un autre romancier, mais un journal qui publie les œuvres des différents auteurs, un *éditeur* de romans et de poëmes, n'a plus le droit de critiquer son concurrent, l'éditeur-gérant d'un autre journal. Il en est de même de tout ce qui constitue aujourd'hui un journal. Si l'on voulait seulement aller au fond et pénétrer les causes qui engagent tous les journaux à insérer vingt et jusqu'à trente colonnes semaines, sur toutes ces mièvreries faites par des regrattiers littéraires, exécutées par des cabotins et des cabotines de haut et de bas lieu; rend-on compte du succès de nos fabriques et de nos usines, de leurs maîtres et contre-maîtres ?

Parlerai-je des Théâtres lyriques. C'est une écurie d'Augias. Très-souvent j'ai entendu à Paris d'horribles médiocrités , dont, quand je faisais la critique théâtrale, je n'aurais pas osé prononcer le nom, excepté pour leur conseiller de quitter la scène au plus tôt. Le lendemain en lisant le journal j'apprenais que c'étaient des étoiles de premier ordre. Un chanteur des plus honorables m'a assuré que pour chanter sur un théâtre de Paris, un artiste ordinaire a une dépense forcée de 1,500 francs par mois pour les journaux. Quant à lui — il est très-riche — il me parlait de sa générosité, car il se flatte que même sans payer on n'oserait plus l'éreinter; pourtant, ajouta-t-il, je n'aurais garde de m'y exposer.

Je suis trop naïf pour croire à la lettre de telles énormités. Il en est de même, dit-on, à Londres ; il en fut de même à New-York.

L'Amérique expie à l'heure qu'il est la vénalité de sa presse corrompue, et cette expiation sera encore bien plus terrible. Quant à la presse anglaise, si fière de sa *licence*, son heure, son glas sonnera. On n'a qu'à lire les remarquables articles que Louis Blanc vient de publier à ce sujet dans le *Temps* de Paris, véritable réquisitoire contre les abus plus que criminels de la libre presse d'Angleterre. Celui-là seul est libre qui assume la responsabilité de ses actes et qui ne lèse jamais la liberté d'autrui. Quiconque ne fait pas son devoir, perd tôt ou tard ses droits. C'est une vérité absolue, une règle sans exception !

par semaine sur les courses, on découvrirait les choses les plus piteuses. Nul encore ne s'est avisé de prouver que ces courses *multipliées jusqu'au dégoût,* ne sont qu'un ignoble jeu corrupteur, qu'un signe éclatant de la dégénérescence des mœurs et de la décadence des esprits comme elles l'étaient à Rome et à Constantinople.

Il en est de même des modes. Comment, dira-t-on, des modes? oui, des modes. Il n'y a pas de petites choses ni dans un ménage ni dans une ville nî dans une société. Oui, il est du devoir du journal, au lieu d'insérer moyennant finances des articles de modes, de les examiner sérieusement, de les juger et de les condamner avec vigueur s'il les croit contraires au bon goût et aux mœurs.

Ah! dira-t-on, quand donc la raison a-t-elle prévalu contre la mode? Toujours! en tout temps. Elle n'avait qu'à parler.

VIII

Après tout, me répondra-t-on, un journal n'est pas un être idéal. Pour le fonder, *il faut de l'argent, beaucoup d'argent. Or de deux choses l'une. Ou le journal a du succès, en ce cas il rapportera plus d'argent qu'il n'en coûte, ou il n'aura pas de succès, et alors, essuyant des pertes, il disparaîtra, à moins que le propriétaire très-riche n'ait une arrière-pensée d'ambition.

Nous voilà au cœur de la place !

J'ai déjà dit qu'il ne doit pas être permis à un particulier d'exploiter les annonces à moins que ce ne soit à titre de récompense nationale. Qu'un journal arrive à rétribuer largement ses rédacteurs, ses travailleurs, rien de plus naturel ! (1) Mais ce qui n'est pas admissible c'est qu'un juge s'enrichisse par les épices données par les justiciables. Eh, qui donc conseille au gouvernement d'établir l'instruction obligatoire et gratuite ! Les Journaux. Ils font leur devoir. Mais ne fe-

(1) Quand les journaux à dividendes et soumis au fisc auront disparu, l'homme de talent et de caractère seul pourra faire un journal. Il trouvera toujours assez d'abonnés pour vivre et faire vivre honorablement ses collaborateurs. Il trouvera même mieux. Il trouvera des hommes de conviction qui feront des sacrifices pour lui et son journal !

raient-ils pas mieux de donner l'exemple. Le seul obstacle aujourd'hui pour les livres sont les journaux privilégiés par l'annonce. Grâce à leur industrie, le peuple n'apprend plus ce qui est bon pour le discerner du mauvais. Si le public depuis cinquante ans avait pris les journaux au mot, il n'aurait devoré que des milliers de romans détestables et prônés comme des chefs-d'œuvre. Le public ne l'a pas cru, répondra-t-on. Plût à Dieu. *Partout le mal toléré empêche ou détruit le bien.* Le niveau des intelligences, au lieu de s'élever, a certainement baissé. Les journaux n'ont en rien contribué à l'instruction qui est la culture de l'âme du peuple. Au lieu d'en arracher les mauvaises herbes ils y ont planté toutes sortes de bruyères et de lianes sous lesquelles ont poussé les reptiles de l'envie et de la rage de jouir. Le matérialisme du droit absolu a ensauvagé même les esprits de la société aristocratique. Les bourses sont pleines mais les têtes sont vides. La société, au lieu de s'idéaliser, s'est visiblement bestialisée. Au lieu d'apprendre à connaître leurs devoirs, nos hommes d'État, nos écrivains, industriels et artisans, passent leur temps de loisir à courir après un chien qui court après un lièvre, ou bien à courir eux-mêmes sur des rossinantes efflanquées dans le but de dresser, non des chevaux, mais des lorettes, et de gagner au jeu de quoi les entretenir. Cela ne se fait plus à la dérobée en se cachant devant la conscience et les yeux des honnêtes gens, mais au vù et au su de tout le monde. On s'en fait gloire. Les trois pivots de notre société sont le cheval, le chien et la lorette. Et les journaux, eux qui devraient être les gardiens des bonnes mœurs et de la saine raison, ne sont plus que les muets du serail. De quel droit viennent-ils demander au contribuable riche de faire un sacrifice pour l'instruction du pauvre? Certains journaux ne sont-ils pas riches? Qu'ils emploient donc les millions qu'ils gagnent à tirer cent mille exemplaires de plus, à les remplir de bons articles, et à les distribuer gratis aux lecteurs pauvres. Qu'ils paient très-bien leurs instituteurs redacteurs, tant mieux, mais qu'ils ne lèvent pas un impôt sur l'intelligence et l'instruction. Ou s'ils le font, ils n'ont aucun droit de conseiller aux autres ce qu'eux-mêmes ne font pas. Oui, un journal digne de sa mission qui fait ses frais ne doit jamais servir de vache à lait à ses bailleurs de fonds. L'argent qu'il gagne appartient à l'esprit, au principe du journal même. Il doit l'employer d'abord à l'amélioration, à l'élévation de lui-même et de ses travailleurs; puis s'il croit être arrivé au suprême degré de perfection, l'argent qu'il gagne de trop doit être employé à la propagation des principes qu'il représente et des vérités qu'il défend.

———

IX

— Folies que tout cela ! A ce titre il ne serait plus possible de faire un journal, car il n'y aurait bientôt plus de journalistes. Et les éditeurs manqueraient faute d'hommes de lettres !

— Je réponds hardiment et logiquement que le journalisme est un devoir, une passion, une vocation, *mais jamais un état.* Les lettres non plus ne sont pas un état. Ou elles sont une vocation, un produit naturel de la nature qui comme tous les produits s'ennoblissent par la culture, ou si elles sont un état elles sont le dernier des métiers, la plus vile de toutes les industries.

Le beau rôle que celui d'un homme qui dit à son prochain : mon frère, vous êtes mal élevé, la religion que vous adorez repose sur des erreurs et des préjugés, la société que vous fréquentez est remplie de sots et de méchants ; vous passez votre temps à des frivolités, vous gaspillez votre jeunesse, vous compromettez votre avenir, vous n'entendez rien ni au beau ni au vrai, ni à l'agréable, ni à l'utile, — maintenant que je vous ai dit toutes ces vérités crûes ou dorées payez-moi. « A moins d'être encore plus drôle et de dire aux hommes : que vous êtes beaux, spirituels et magnanimes ! vous êtes tous de vrais fils de Dieu ! toutes vos actions sont frapées au coin de la justice. vos guerres, vos discussions, vos querelles, sont nécessaires, indispensables au progrès, tout ce que vous faites touche au sublime. Vivez, amusez vous, et mourez tranquilles, car vous êtes immortels. Seulement voici le quart d'heure de Rabelais — payez-moi. »

Non, non, non, mille fois non ! Il n'est de journaliste ni d'homme de lettres, à moins d'une complète indépendance, soit par une grande fortune, soit mieux encore, par le dédain de la fortune.

Et tant mieux si la jeunesse capable est forcée de gagner sa vie autrement que par des articles de journaux et des livres. Si elle a réellement du talent, ce talent ne perdra rien à mûrir. Le plus grand bonheur pour un écrivain c'est d'avoir attendu l'âge de raison pour publier ses œuvres. Plût à Dieu que j'eusse attendu moi-même cet âge ! Ne vous inquiétez pas de vos moyens de vivre. Les bouvreuils, les serins n'ayant qu'une note à gazouiller ont besoin d'une cage pour avoir du millet et du sucre. Donnez-leur la liberté, les chats et les éperviers les mangeront. Mais le rossignol libre trouve toujours un ver pour se nourrir et ce ver lui suffit. Que des Gilbert, des Moreau, des Millevoie meurent, peu importe à la société, ils n'avaient qu'une note et toujours la même : Plus ils auraient gagné d'argent plus vite ils seraient morts. Mais des Corneille, des Racine, des Mirabeau, des Molière, des Voltaire, des Rousseau, ne meurent pas avant d'avoir accompli leur mission. La même force qui fait leur génie et leur vocation les soutient dans toutes les vicissitudes. Ils savent attendre, car ils savent vivre pauvres.

Il en est de même du comédien. Avant que ce ne fût un état il y a eu des comédiens de génie et des actrices d'un grand talent. Mais depuis que cet art est devenu un métier, la médiocrité pullule, Vénus sur les planches a remplacé Minerve, et quelle Vénus ! On naît homme de lettres, journaliste ou poëte, mais on ne le devient jamais à force de rentes, de décorations et d'honneurs. Nous sommes tellement embourbés dans l'erreur, que notre esprit même ne connaît plus ni son essence ni sa nature. Si la presse a eu de l'influence, c'est que dans son origine quelques feuilles ont été fondées par des hommes de devoir dont les uns ont sacrifié leur argent, les autres leur talent, *parfois tous ensemble leur vie comme en 1830.* Ce sont là les conditions vitales d'une presse digne d'être libre. Autrement un journal n'est qu'une machine de flibusterie ou un instrument de dividendes. L'adversaire a beau vous ressembler, ce sont alors deux maux au lieu d'un! Pour combattre l'erreur il faut la vérité, pour neuraliser l'intérêt il faut le dévouement, pour extirper l'injustice il faut la justice, plus que cela, le sacrifice de soi-même. Y a-t-il aujourd'hui un propriétaire de journal dans ces conditions? Non! alors donc la loi que la presse invoque, *la loi des lois,* la justice prototypique, le *Droit* enfin, ce droit que d'après un grand poëte les hommes ont toujours arraché au ciel, et auquel la presse demande sa liberté, peut leur dire : « Que me voulez-vous? Je ne vous connais pas. Vous êtes des traficants et non des prédicants, des commissionnaires et non des missionnaires! Vous voulez réformer les gouvernements mais ils sont mes fléaux avec lesquels je châtie des égoïstes comme vous, des matérialistes comme vous, des mercenaires, des marchands, des laquais comme vous !! Vous voulez que d'autres fassent des sacrifices au nom de la loi, commencez donc par vous-mêmes et surtout n'annoncez pas par des chants de victoire toutes vos petites œuvres comme la poule qui chante chaque œuf qu'elle vient de pondre.

Ne croyez pas jouir des fruits cultivés par d'autres avant d'en avoir cultivé vous-mêmes à la sueur de vos fronts, souvent de votre sang. En vertu de la solidarité, tous les êtres passés présents et futurs ne font qu'un seul et même être. Vos enfants seulement récolteront ce que vous avez semé, comme vous avez récolté les fruits bons ou mauvais semés, plantés et cultivés par vos pères. Vous ne le croyez pas. Vous voulez *cueillir le jour*, vivre et jouir, c'est tout un pour vous —Restez alors comme vous êtes. Continuez de demander que d'autres fassent pour vous ce que vous ne voulez pas faire pour eux, mais ne me demandez pas la liberté; la liberté se prend et ne se donne pas. Commencez par transformer votre foire en un temple, chassez de votre sein les *dividendiers*, les *réclamiers*, les *annonciers*, les coursicoteurs et les agioteurs, soyez les représentants d'un principe sans aucun alliage avec l'intérêt, puis n'oubliez pas que vous êtes tous solidaires les uns des autres, que le mal toléré de l'un tue le bien de l'autre, ou l'empêche dans son germe. Vous avez détruit le livre et vous ne l'avez pas remplacé. Élevez les hommes à la hauteur de votre idéal, au lieu de vous abaisser au niveau des femmelettes. Vous êtes le concierge de votre abonné, empêchant que nulle idée inconnue ne pénètre jusqu'à lui. Soyez-en l'initiateur, apprenez-lui, non à blaguer avec vos vaudevillistes et vos chroniqueurs, mais à réfléchir avec vos penseurs ; enseignez-lui avant tout ses devoirs, avant de lui parler de ses droits, et donnez-lui en l'exemple.

Soyez, en un mot, des soldats, des capitaines prêts à tout endurer, à mourir même, s'il le faut, pour le salut de la justice, et en très-peu de temps, sans pétitions, ni gémissements, ni oraisons. ni plaintes, la presse, après avoir éteint ses vieux péchés jusqu'à la dernière trace, sera libre dans son essence spirituelle, et, comme Diogène au marché d'esclaves, elle pourra s'écrier : « Qui a besoin d'un maître ? qui veut acheter un maître ? »

LOI FONDAMENTALE SUR LA PRESSE

(Extrait de *mon Code d'après la Raison.*)

Tout homme ayant l'âge de trente ans, Français ou étranger, a le droit de publier un journal politique, philosophique, littéraire, financier, industriel, etc., quel qu'en soit le format ou le mode de publication, sans avoir besoin d'une autorisation quelconque, et sans payer ni timbre ni impôt à qui que ce soit.

Le journal étant l'expression d'un principe, d'un système, d'une idée, représentant d'ailleurs toujours un tribunal spirituel, il lui est défendu de faire le trafic d'annonces et de réclames. L'annonce appartient à la voie publique, à la municipalité (1). Il lui est également défendu de se faire éditeur de romans et de livres d'art.

(1) Les feuilles d'annonces peuvent être directement éditées par l'administration de la ville (comme à Francfort.) En ce cas tout patenté, moyennant quelques centimes additionnels, reçoit la feuille, contenant en même temps les règlements et ordonnance de la police et de la voierie, ou bien l'État les fait annexer à tous les journaux en leur payant les frais de papier et d'impression.

La ligne égale pour toutes les annonces pourrait être abaissée jusqu'à vingt centimes, et rapporterait encore plusieurs millions à la ville. Ces feuilles d'ailleurs ne pourraient refuser aucune annonce, sauf celles contraires aux mœurs. Encore le tribunal d'honneur jugera-t-il en dernier lieu, en vingt-quatre heures.

Tout article sera signé par l'auteur. La copie restera pendant six mois déposée chez l'imprimeur. Le rédacteur en chef est personnellement responsable de tout collaborateur au-dessous de l'âge de trente ans.

La loi sur le droit de réponse est maintenue; celle sur la diffamation est abolie.

Un *Tribunal d'honneur* sera établi à Paris et dans tous les chefs-lieux des départements où paraît un journal.

Ce tribunal siégera tous les jours, même le dimanche, de neuf heures du matin à midi. Il est composé de trois juges dont un qui préside.

Vingt et un juges siégeront à Paris à tour de rôle, trois par jour. En cas de maladie ou de force majeure, l'un pourra se faire remplacer par l'autre ; mais jamais plus de trois juges ne siégeront.

Sept de ces juges seront élus par les rédacteurs en chef des journaux et des éditeurs ayant l'âge de quarante ans.

Sept seront élus par la magistrature inamovible.

Le gouvernement nommera les sept présidents.

Chacun des juges jouira d'un traitement de 15,000 fr. (1).

Le *tribunal d'honneur* n'aura jamais à se prononcer sur la vérité ou l'erreur d'un principe philosophique, politique et social. Il est institué pour sauvegarder, pour maintenir la dignité de la presse. C'est avant tout un tribunal de modération et d'honneur. Nonobstant, il prononcera sur tous les cas qui lui seront déférés. Il peut d'office citer à sa barre tout écrivain. Il reçoit toutes les plaintes de diffamation, d'injures et de flagrante déraison. Nul procès de presse ne peut être intenté que par le *tribunal d'honneur*.

Le tribunal cite à bref délai, le jour même pour le lendemain, le matin pour le soir exceptionnellement. Un des juges

(1) Ces traitements seront payés par la presse et la librairie, qui auront à s'entendre sur la répartition de cet impôt.

lit l'article incriminé, sans y ajouter la moindre observation. Le prévenu ou son avocat a un quart d'heure pour se défendre, jamais plus. Puis le tribunal, séance tenante, prononce.

Les séances sont publiques.

Si l'écrivain est déclaré coupable d'avoir manqué aux lois, soit de la société, soit de l'honneur, soit de la dignité et de la modération, etc., etc., voici les peines :

La première fois, il est mis *sous censure* pour un mois. En cas de récidive, pour trois mois. La troisième fois, pour une année. Le tribunal, s'il y a rechute, a le droit de déclarer l'écrivain *indigne* (cette peine s'appellera l'*indignité*, l'interdiction s'appellera *la plume brisée*) de tenir une plume, de l'interdire, et, en cas de besoin, de le priver de tous ses droits civiques, de l'exiler même.

Les censeurs sont élus par les rédacteurs en chef de la presse et par les éditeurs. Il y en aura trois. Nul ne peut être élu censeur, à moins d'avoir l'âge de cinquante ans. Leurs fonctions sont gratuites.

En cas qu'un écrivain *mis sous censure* fasse signer ses articles par un autre, le censuré et le signataire peuvent être traduits devant la justice comme *faussaires*. L'imprimeur est forcé, sur la requête du tribunal, de livrer la copie.

Le jugement, rendu dans les vingt-quatre heures, sera inséré gratis dans tous les journaux sans distinction.

L'écrivain condamné peut rappeler d'une séance à l'autre, du jour au lendemain. Le jugement d'appel est définitif.

Toutes les querelles politiques et littéraires, dégénérant en diatribes et injures, sont de la compétence du tribunal d'honneur. Il peut, d'office, citer les querelleurs. Si, contrairement à son jugement, des écrivains se battent en duel, le tribunal peut les mettre sous censure, les frapper d'*indignité* et même les interdire.

Un écrivain mis sous censure ne peut pas publier une ligne sans le visa de la censure. S'il est membre d'une société littéraire ou scientifique (Académie), ou même d'une loge de francs-maçons, il lui est défendu de prendre la parole pendant tout le temps qu'il sera sous censure.

Tout écrivain soupçonné de chantage ou de corruption peut être cité d'office. S'il est convaincu par des preuves, le minimum de la peine sera une année de censure, le maximum l'*indignité*.

Le tribunal d'honneur peut être appelé a juger des orateurs. En ce cas, il faudra pour les condamner deux témoins auriculaires, et que le prévenu ne retire pas ses paroles. Les peines seront toujours moindres que pour les écrits.

Toutes les lois et ordonnances sur la presse antérieures à cette loi sont et restent abolies.

FIN.

Paris, imp. L. TINTERLIN, 3, rue Neuve-des-Bons-Enfants.

9 782016 204177